Wirtschaftskunde

Arbeitsheft
Ausgabe Baden-Württemberg

Helmut Nuding und Josef Haller

Ernst Klett Verlag
Stuttgart · Leipzig · Dortmund

Kompetenzbereich I

Kompetenzbereich II

Kompetenzbereich III

Kompetenzbereich IV

1. **Die Berufsausbildung erfolgt größtenteils durch die Zusammenarbeit von ______________________________ und ________________. Da zwei Partner an der Ausbildung beteiligt sind, spricht man vom dualen System.**

Berufsausbildung im dualen System

____

Er vermittelt

____

____

Am Ende der Ausbildung steht die

____

Bei Erfolg erhält der Auszubildende den

____

____

____

Sie vermittelt

____

____

____

Am Ende der Ausbildung steht die

____

Bei Erfolg erhält der Auszubildende das

____

____

2. **Ergänzen Sie den Lückentext über das duale System durch folgende Begriffe:**
Geld, abwechslungsreicher, teurer, Qualität, Abstimmung, Bedarf, Wirtschaftslage, praxisbezogen

Beim dualen System erfolgt die Berufsausbildung durch zwei Partner, nämlich die Schule und den Ausbildungsbetrieb. Dadurch, dass die praktische Ausbildung vorwiegend im Betrieb, also in der Arbeitswelt, stattfindet, erfolgt sie ______________________. Außerdem sparen Staat und Steuerzahler ______________, da eine rein schulische Ausbildung erheblich ________________ wäre. Durch den Wechsel der Lernorte wird die Ausbildung ______________________________ und nicht so eintönig. Allerdings entspricht die Nachfrage nach Ausbildungsplätzen nicht immer dem ____________, sondern hängt sehr von der jeweiligen ______________________ ab. Auch haben nicht alle Ausbildungsplätze die gleiche __________________. Des Weiteren bereitet die _____________________ der Ausbildungsinhalte zwischen den Betrieben und der Schule sehr oft Probleme.

Lehrvertrag von 1864

Eduard Groos in Grünberg einerseits und Philipp Walther in Biedenkopf andererseits haben folgende Übereinkunft getroffen:

1. *Groos nimmt den Sohn des Philipp Walther mit Namen Georg auf vier Jahre, und zwar von 15. Oktober 1864 bis dahin 1868 als Lehrling in sein Geschäft auf.*
2. *Groos macht sich verbindlich, seinen Lehrling in Allem dem, was in seinem Geschäft vorkommt, gewissenhaft zu unterrichten, ein wachsames Auge auf sein sittliches Betragen zu haben und ihm Kost und Logis in seinem Hause zu geben.*
3. *Groos gibt seinem Lehrling alle 14 Tage des Sonntags von 12 bis 5 Uhr frei, dabei ist gestattet, dass er auch an dem Sonntage, wo er Ausgangstag nicht hat, einmal den Gottesdienst besuchen kann.*
4. *Groos verzichtet auf ein Lehrgeld, hat aber die Lehrzeit auf vier Jahre ausgedehnt.*
5. *Philipp Walther hat während der Lehrzeit seines Sohnes denselben in anständiger Kleidung zu erhalten und für dessen Wäsche besorgt zu sein.*
6. *Philipp Walther hat für die Treue seines Sohnes einzustehen und alle Schäden, die derselbe durch bösen Willen, Unachtsamkeit und Nachlässigkeit seinem Lehrherrn verursachen sollte, ohne Einrede zu ersetzen.*
7. *Der junge Walther darf während der Dauer seiner Lehrzeit kein eigenes Geld führen, sondern die Ausgaben, welche nicht von seinem Vater direkt bestritten werden, gehen durch die Hände des Lehrherrn, und der Lehrling hat solche zu verzeichnen.*
8. *Hat der junge Walther seine Kleidungsstücke und sonstige Effekten auf seinem Zimmer zu verschließen, aber so, dass sein Lehrherr davon Kenntnis hat und dieser von Zeit zu Zeit nachsehen kann, so oft es diesem gewahrt ist, um ihn gehörig zu überwachen.*
9. *Darf der Lehrling während seiner Lehrzeit kein Wirtshaus oder Tanzbelustigung besuchen, er müsste denn ausdrücklich die Erlaubnis von seinem Vater oder Lehrherrn erhalten haben, und dann besonders darf er nicht rauchen im Geschäft oder außer demselben, es bleibt ganz untersagt.*
10. *Wenn der junge Walther das Geschäft des Groos verlässt, so darf dieser in kein Geschäft in Grünberg eintreten, ohne dass Groos seine Erlaubnis dazu gibt.*

Zur Sicherstellung, dass beide Teile diese Übereinkunft treulich halten und erfüllen wollen, ist dieser Kontrakt doppelt ausgefertigt, jedem ein Exemplar eingehändigt und unterschrieben worden.

Grünberg, am 28. September 1864

1. **Seit der Lehrzeit des „jungen Walther" hat sich die Berufsausbildung enorm verändert. Kein Ausbilder würde einen derartigen Vertrag bei der zuständigen Kammer einreichen, denn nach dem Berufsbildungsgesetz muss ein korrekter Lehrvertrag verschiedene Mindestangaben enthalten (siehe auch Vertragsvordruck im Schulbuch, S. 15). Nennen Sie mindestens fünf solcher Angaben.**

____

____

____

____

____

____

2. **Nennen Sie die Beteiligten beim Abschluss des Berufsausbildungsvertrags.**

[____________] → **Berufsausbildungsvertrag** ← [____________]

(bei Minderjährigen zusätzlich gesetzliche Vertreter)

↓

vorgeschriebene Form: ______________________

3. **Ergänzen Sie das Schaubild.**

Berufsausbildungsvertrag

Pflichten des Auszubildenden	**Pflichten des Ausbildenden**
____________________	____________________
____________________	____________________
____________________	____________________
____________________	____________________
____________________	____________________
____________________	____________________
____________________	____________________
____________________	____________________
____________________	____________________

4. **Vervollständigen Sie das Schaubild über die (schriftliche) Kündigung des Berufsausbildungsverhältnisses.**

Kündigung des Berufsausbildungsvertrags

während der Probezeit

____

____

____

nach der Probezeit

aus wichtigem Grund

z. B. ____________________

____

Termin: ____________________

bei ____________________

____

Termin: ____________________

5. **Beenden Sie folgende Aussagen über die Dauer und den Zweck der Probezeit:**

Die Probezeit dauert ____________________

Während der Probezeit kann der Ausbildende feststellen, ob der ____________________

Während der Probezeit kann der Auszubildende feststellen, ob er ____________________

____

6. Grundlage der Berufsausbildung sind die **Ausbildungsordnungen**, die vom zuständigen Bundesministerium für jeden Ausbildungsberuf erlassen werden. Ergänzen Sie die Übersicht über den Inhalt einer Ausbildungsordnung.

Ausbildungsordnungen

Bezeichnung des ______________ ______________	______________ ______________	______________ ______________ (Kenntnisse und Fertigkeiten)	______________ ______________ (sachliche und zeitliche Gliederung)	______________ ______________

Überwachung erfolgt durch die ______________ z. B. ______________________________.

7. Klara Korte ist Auszubildende bei der Metzgerei Ede Wolf. Im Laufe ihrer Ausbildung kommt es zu den nachfolgenden Vorfällen. Beurteilen Sie als „Ausbildungsspezialist" die Vorgänge in der Firma Wolf. Unterstreichen Sie sämtliche Vorfälle, die rechtlich nicht in Ordnung sind, und tragen Sie ein, gegen welche Pflichten jeweils verstoßen wurde.

Vorfälle	Pflichten
Als Klara Korte ihr Ausbildungsverhältnis beginnt, sagt ihr Chef, Herr Wolf, dass der Besuch der Berufsschule für Klara absolut unnötig sei. Er meint, dass sie alles, was sie für ihren Beruf brauche, bei ihm in seiner Metzgerei lernen könne. Außerdem ist Herr Wolf nicht bereit den Ausbildungsvertrag sofort bei Ausbildungsbeginn auszufüllen und zu unterschreiben. Er sagt, dies könne er erst nach der 6-monatigen Probezeit. Einige Wochen später zeigt Klara ihrem Chef die Ausbildungsordnung für Fachverkäufer/innen im Lebensmittelhandwerk, die sie sich bei der Handwerkskammer besorgt hat. Hierzu meint Herr Wolf, das ginge ihn nichts an. Er bilde schließlich schon viele Jahre Lehrlinge nach seinen eigenen Vorstellungen aus und habe damit immer nur gute Erfahrungen gemacht. Als Klara sich bei Herrn Wolf erkundigt, wie sie ihren schriftlichen Ausbildungsnachweis führen müsse, sagt dieser nur: „Das ist absoluter Quatsch und vollkommen unnötig." Nachdem sich Klara zum dritten Mal an der Aufschnittmaschine verletzt hat, bittet sie Herrn Wolf, doch endlich einen Resteschneider anzuschaffen. Der meint: „Mit etwas mehr Konzentration wäre das nicht passiert und außerdem ist Pflaster erheblich billiger." Weil Herr Wolf von Klara verlangt, dass sie vormittags immer seiner Frau im Haushalt hilft, platzt ihr der Kragen und sie beschließt ihrem Chef „eins auszuwischen". Sie folgt seinen dienstlichen Anweisungen nicht mehr oder führt die ihr aufgetragenen Arbeiten nur noch mangelhaft und unvollständig aus. Als ihr Chef an einem Nachmittag nicht im Geschäft ist, versalzt sie aus Unlust und Unachtsamkeit verschiedene Salate. Ihrem Freund Alfred, der bei der Metzgerei Kutter eine Fleischerlehre begonnen hat, erzählt sie, dass ihr Chef zur Zeit einen Umsatz von 50 000 € pro Monat hat und dass Frau Duck ihrem Chef 500 € schuldet. Einer guten Bekannten gibt sie folgenden wohlmeinenden Rat: „Wenn Ihnen Ihre Gesundheit etwas wert ist, dann kaufen Sie niemals Leberwurst bei Metzgerei Wolf." Herr Wolf erfährt von diesen Vorgängen und kürzt deshalb Klaras Ausbildungsvergütung um 100 € monatlich. Inzwischen hat Klara bereits ein Jahr ihrer Lehrzeit absolviert. Sie glaubt, ihr könne nun nichts mehr passieren, da sie bereits die Probezeit überstanden hätte. Deshalb bleibt sie eine Woche unentschuldigt dem Betrieb fern. Herr Wolf kündigt daraufhin fristlos.	

Ende der Berufsausbildung

Problemsituation:

Mia und Paul, beide 18 Jahre alt, absolvieren im Architekturbüro Krüger eine Ausbildung zum Bauzeichner. Als Ausbildungsdauer wurde im Ausbildungsvertrag 01.09.2021 – 31.08.2024 vereinbart. Ihre schriftliche Abschlussprüfung hat Mia bereits hinter sich gebracht. Am 05.07.2024 steht nur noch die mündliche Prüfung an, die sie erfolgreich besteht. Überglücklich zeigt sie am nächsten Tag ihrem Chef, Herrn Krüger, die Bescheinigung über die bestandene Prüfung. Bestens gelaunt stoßen beide auf das gute Ergebnis an. Danach stürzt sich Mia voller Freude auf ihre Arbeit. Am 31.08.2024 erklärt ihr Herr Krüger plötzlich, dass ihr Ausbildungsvertrag heute ablaufe. Leider könne er sie nach der Ausbildung nicht übernehmen, da er zwei neue Auszubildende eingestellt hätte. Er wünscht ihr für ihren weiteren Lebensweg alles Gute. Mia darf am nächsten Tag nicht mehr in den Betrieb. Auch Paul, der die Abschlussprüfung nicht bestanden hat, soll die Firma verlassen. Herr Krüger teilt ihm mit, dass auch er am 31.08.2024 gehen müsse, weil da sein Ausbildungsvertrag auslaufe.

§ 21 BBiG – Beendigung

(1) Das Berufsausbildungsverhältnis endet mit dem Ablauf der Ausbildungszeit. Im Falle der Stufenausbildung endet es mit Ablauf der letzten Stufe.

(2) Bestehen Auszubildende vor Ablauf der Ausbildungszeit die Abschlussprüfung, so endet das Berufsausbildungsverhältnis mit Bekanntgabe des Ergebnisses durch den Prüfungsausschuss. [...]

(3) Bestehen Auszubildende die Abschlussprüfung nicht, so verlängert sich das Berufsausbildungsverhältnis auf ihr Verlangen bis zur nächstmöglichen Wiederholungsprüfung, höchstens um ein Jahr.

§ 24 BBiG – Weiterarbeit

Werden Auszubildende im Anschluss an das Berufsausbildungsverhältnis beschäftigt, ohne dass hierüber ausdrücklich etwas vereinbart worden ist, so gilt ein Arbeitsverhältnis auf unbestimmte Zeit als begründet.

§ 622 BGB – Kündigungsfristen bei Arbeitsverhältnissen

(1) Das Arbeitsverhältnis eines Arbeiters oder eines Angestellten (Arbeitnehmers) kann mit einer Frist von vier Wochen zum Fünfzehnten oder zum Ende eines Kalendermonats gekündigt werden.

Arbeitsauftrag:

Arbeiten Sie in Gruppen zusammen.

1. Klären Sie anhand des Gesetzestextes, wodurch ein Berufsausbildungsverhältnis beendet wird.
2. Wann endet Mias Berufsausbildungsverhältnis?
3. Prüfen Sie, ob zwischen Mia und Herrn Krüger ein Arbeitsvertrag besteht. Falls ja, wie kann dieser von Herrn Krüger beendet werden?
4. Muss Mias Kollege Paul die Firma am 31.08.2024 verlassen, obwohl er seine Ausbildung beenden will?
5. Mia und Paul können sich mit Herrn Krüger nicht einigen. Wie können sie gegen seine Entscheidung vorgehen?
6. Recherchieren Sie im Internet, ob Auszubildende, die nach der Ausbildung nicht übernommen werden, Arbeitslosengeld erhalten. Falls ja, in welcher Höhe? Wann müssen sich die Auszubildenden bei der Agentur für Arbeit melden, um Sperrfristen zu vermeiden?
7. Wie können Sie gegen einen ablehnenden Bescheid der Agentur für Arbeit vorgehen?
8. Wie viele € wenden Sie monatlich für Ihre Grundversorgung (ohne Heizung und Miete) auf? Verwenden Sie hierzu die nebenstehende Tabelle. Nutzen Sie anschließend den Online-Code und stellen Sie Ihre Werte den für Bürgergeld-Empfänger vorgesehenen Ausgaben gegenüber und bewerten Sie das Ergebnis Ihres Vergleichs.

Info
Bürgergeld
5cy8yi

Monatliche Ausgaben für	Eigene	Bürgergeld
Nahrung, alkoholfreie Getränke		
Freizeit, Unterhaltung, Kultur		
Verkehr		
Post und Telekommunikation		
Wohnen (ohne Miete, Heizung)		
Bekleidung und Schuhe		
Andere Waren, Dienstleistungen		
Einrichtung, Haushaltswaren		
Gesundheitspflege		
Hotels und Gaststätten		
Bildung		

1. Klären Sie anhand des Gesetzestextes, wodurch ein Berufsausbildungsverhältnis beendet wird.

2. Wann endet Mias Ausbildungsverhältnis?

3. Prüfen Sie, ob zwischen Mia und Herrn Krüger ein Arbeitsvertrag besteht. Falls ja, wie kann dieser von Herrn Krüger beendet werden?

4. Muss Mias Kollege Paul die Firma am 31.08.2024 verlassen, obwohl er seine Ausbildung beenden will?

5. Mia und Paul können sich mit Herrn Krüger nicht einigen. Wie können sie gegen seine Entscheidung vorgehen?

6. Recherchieren Sie im Internet, ob Auszubildende, die nach der Ausbildung nicht übernommen werden, Arbeitslosengeld erhalten. Falls ja, in welcher Höhe? Wann müssen sich die Auszubildenden bei der Agentur für Arbeit melden, um Sperrfristen zu vermeiden?

7. Wie können Sie gegen einen ablehnenden Bescheid der Agentur für Arbeit vorgehen?

8. Wie viele € wenden Sie monatlich für Ihre Grundversorgung (ohne Heizung und Miete) auf? Verwenden Sie hierzu die untenstehende Tabelle. Nutzen Sie anschließend den Online-Code 5cy8yi und stellen Sie Ihre Werte den für Bürgergeld-Empfänger vorgesehenen Ausgaben gegenüber. Bewerten Sie das Ergebnis Ihres Vergleichs.

Monatliche Ausgaben für	Eigene	Bürgergeld
Nahrung, alkoholfreie Getränke		
Freizeit, Unterhaltung, Kultur		
Verkehr		
Post und Telekommunikation		
Wohnen (**ohne** Miete, Heizung)		
Bekleidung und Schuhe		
Andere Waren, Dienstleistungen		
Einrichtung, Haushaltswaren		
Gesundheitspflege		
Hotels und Gaststätten		
Bildung		

Analyse des betrieblichen Arbeitsplatzes

1. **Als kleinste Einheit der Wirtschaft ist jeder Betrieb in ein Netz von Beziehungen eingeordnet. Ergänzen Sie das Schaubild.**

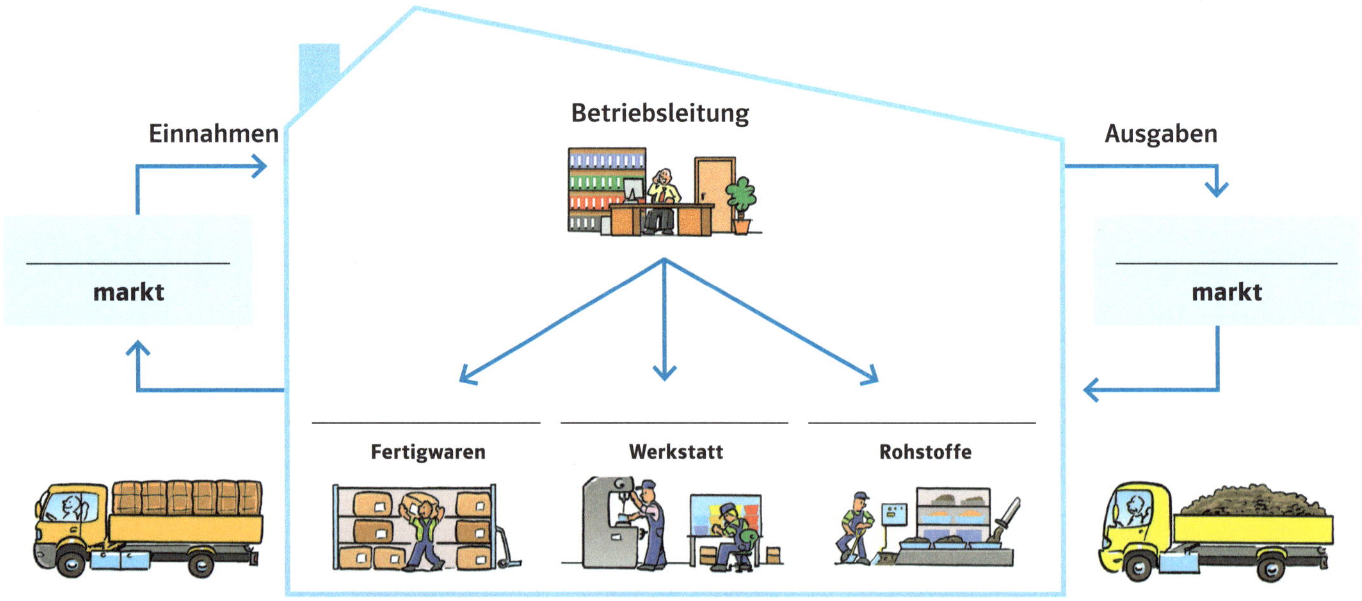

z. B. ______________________

____

____

z. B. ______________________

____

____

2. **Ordnen Sie die einzelnen Vorgänge der jeweiligen betrieblichen Aufgabe zu.**

Vorgänge	Beschaffung	Produktion	Absatz
Rohstoffe werden bestellt.			
Ein Facharbeiter wird eingestellt.			
Belieferung eines Kunden mit Waren			
Ein Bankkredit wird aufgenommen.			
Ein Fertigungsautomat wird neu programmiert.			
Werbeanzeigen in Tageszeitungen werden aufgegeben.			
Ein Facharbeiter montiert Teile zusammen.			
Ein Bandmeister prüft die Qualität der Erzeugnisse.			
Die Stromrechnung wird bezahlt.			
Ein Marktforschungsinstitut wird beauftragt.			

Betrieb und Unternehmung

3. In der Umgangssprache werden die Begriffe „Betrieb" und „Unternehmung" sehr oft so gebraucht, als hätten sie die gleiche Bedeutung. Dennoch bestehen erhebliche Unterschiede. Ergänzen Sie das Schaubild mit diesen Begriffen; und tragen Sie die jeweiligen Aufgaben ein.

________________ = ← **Produktionsstätte**

\+

Rechtsform } = ________________

\+

Kapital

Aufgaben:

____

____

____

____

Aufgaben:

____

____

____

____

4. Weshalb spricht man in Staaten mit Zentralverwaltungswirtschaft (Planwirtschaft) nur von Betrieben und nicht von Unternehmungen?

____

____

5. Vervollständigen Sie den Lückentext, indem Sie folgende Begriffe sinnvoll verwenden: *Produktion (1x), Entscheidungen, Unternehmung (3x), Betrieb (2x), Gütern, Betriebe (2x), Dienstleistungen*

Die Unternehmung ist dem Betrieb übergeordnet. Jede ________________ ist ein ________________, aber nicht jeder ________________ ist eine ________________. Eine Unternehmung kann mehrere ________________ haben, z. B. die Unternehmung Daimler AG mit Sitz in Stuttgart besitzt ________________ (Produktionsstätten) in Stuttgart, Sindelfingen, Rastatt usw. Betriebe gibt es in allen Wirtschaftssystemen, die ________________ aber nur in marktwirtschaftlichen. Jeder Betrieb ist die Stätte der ________________ von ________________ und ________________. Im Gegensatz zu Betrieben können in Unternehmungen selbstständige ________________ getroffen werden.

Betriebsarten

6. Teilen Sie die Betriebe entsprechend ihrer Größe ein.

bis 20 Beschäftigte

20 – 100 Beschäftigte

100 – 1 000 Beschäftigte

über 1 000 Beschäftigte

________________ → ________________ → ________________ → ________________

7. **Man unterscheidet Produktionsbetriebe, Dienstleistungsbetriebe und Handelsbetriebe. Kreuzen Sie an.**

	Produktionsbetrieb		**Dienstleistungs-betrieb**	**Handels-betrieb**
	Urproduktions-betrieb	Verarbeitungs-betrieb		
Kleiderfabrik				
Fluggesellschaft				
Lebensmittelgeschäft				
Hühnerfarm				
Krankenversicherung				
Schuhgeschäft				
Brotfabrik				
Kiesgrube				
chemische Reinigung				
Schreibwarengeschäft				
Autofabrik				
Schreinerei				

8. **Vergleichen Sie den Handwerksbetrieb mit dem Industriebetrieb nach den angegebenen Merkmalen.**

Handwerksbetrieb		**Industriebetrieb**
______ ______ ______	← Betriebsgröße →	______ ______ ______
______ ______ ______	← beschäftigte Arbeitnehmer →	______ ______ ______
______	← Abnehmer →	______
______ ______	← Fertigungsarten →	______ ______
______ ______ ______	← Leistungen →	______ ______ ______
______ ______	← Pflicht-mitgliedschaft →	______ ______

1. In der Bundesrepublik Deutschland ereigneten sich 2022 ca. __________ Arbeits- und Wegeunfälle. Wie die Karikatur zeigt, sind fehlende Schutzvorrichtungen eine häufige Unfallursache. Nennen Sie weitere Ursachen.

Ursachen für Arbeitsunfälle

- **ungenügende Schutzvorrichtungen**
- ______________ **Fehler**
- ______________ **Versagen**
  z. B.
  ____
  ____
  ____

2. Überlegen Sie, wie sich ein Arbeitsunfall auswirkt.

Folgen eines Arbeitsunfalls

für den Verletzten

____
____
____
____
____

für den Betrieb

- Verlust von ______________
- ______________
  ____
- höhere Beiträge für die
  ____
- ______________

für die Gesellschaft

- hohe Kosten durch Unfallfolgen,
  z. B. für ______________
  ____
  ____
- Gestiegene Kosten der Betriebe
  können zu ______________
  ______________ führen.

Technischer Arbeitsschutz

Privatanzeigen

Bitte um Liebesgaben

Das grässliche Unglück, dass ein großer mit Malz gefüllter Zuber im Sturz von der Höhe dem hiesigen Küfer Reutter beide Füße derart abgeschlagen hat, dass der eine Fuß sogleich amputiert werden musste und der Schenkelbruch des andern noch nicht eingerichtet werden konnte, veranlasst mich, das Mitleiden mit der Bitte um Unterstützung in Anspruch zu nehmen. Der Verunglückte ist 39 Jahre alt, verheiratet, Vater von 3 Kindern, hat sich seither durch seiner Hände Arbeit fleißig und ehrlich ernährt. Mögen viele Menschenfreunde diesem Manne, der im Stande klaren Bewusstseins mit großer Ergebung sein schweres Geschick trägt, durch liebreiche tätige Teilnahme helfen, mit Mut in die dunkle Zukunft zu blicken. Beiträge nehmen an die Herren Dekan Georgii, Kaufmann Bessert, Frau Witwe Wagner in Tübingen, Herr Heinrich zum Ochsen allhier und der Unterzeichner.

Pfarrer Stoll

Tübinger Chronik vom 22.04.1856

3. **Früher waren solche Unfälle alltäglich, heute sind sie dank des technischen Arbeitsschutzes eine Seltenheit. Durch zahlreiche Vorschriften, Verordnungen und Arbeitsschutzgesetze werden die Gefahren am Arbeitsplatz bekämpft. Ergänzen Sie die Zusammenstellung.**

Technischer Arbeitsschutz	
Verordnungen/Schutzvorschriften/ Arbeitsschutzgesetze	**Inhalt**
	Von den Berufsgenossenschaften erlassene Schutzvorschriften, um Arbeitsunfälle zu verhindern.
Arbeitssicherheitsgesetz	Arbeitgeber werden verpflichtet,
	Es ist die aus dem Jahre 1869 stammende Grundlage des Unfallschutzes. Sie wurde seitdem mehrfach durch zeitgemäße Regelungen ergänzt.
	Anforderungen an die menschenfreundliche Gestaltung der Arbeitsräume, d.h. Vorschriften über Temperatur, Lärmschutz, Beleuchtung usw.
	Dieses Gesetz enthält Sicherheitsvorschriften für Maschinen und Werkzeuge. Die Hersteller werden verpflichtet, nur solche Maschinen und Geräte in Verkehr zu bringen, die diesem Gesetz und den darin umgesetzten EU-Richtlinien entsprechen.

4. **Geben Sie die Bedeutung der abgebildeten Zeichen an. Tragen Sie ein, ob es sich um Warnzeichen, Gebotszeichen oder um Verbotszeichen handelt.**

Warnzeichen, Gebotszeichen, Verbotszeichen				
Bedeutung				

Sozialer Arbeitsschutz

5. **Eine übermäßige körperliche Belastung, wie sie die nebenstehende Karikatur überspitzt darstellt, soll durch den sozialen Arbeitsschutz verhindert werden.**

Ergänzen Sie die nachfolgende Übersicht und lösen Sie danach die Aufgaben (a – e).

Sozialer Arbeitsschutz	
Arbeitsschutzgesetze/Verordnungen	**Inhalt**
____________________	Es enthält zahlreiche Schutzbestimmungen für jugendliche Arbeitnehmer.
____________________	Es regelt Höchstarbeitszeiten, Ruhepausen, Sonntagsarbeit und Feiertagsarbeit.
____________________	Es enthält Schutzvorschriften für Schwangere und für Mütter nach der Entbindung.
Schwerbehindertenschutz im Sozialgesetzbuch	Er soll die ____________ von Schwerbehinderten fördern. Außerdem enthält er besondere ____________.
Bundeselterngeld- und Elternzeitgesetz	Es regelt die Gewährung von ____________ und ____________.

a) **Welche Aussagen zum Schwerbehindertenschutz sind richtig?**

- ☐ Schwerbehinderte erhalten zusätzlich 14 Tage Jahresurlaub.
- ☐ Schwerbehinderte genießen einen besonderen Kündigungsschutz.
- ☐ Schwerbehinderte müssen keine Überstunden leisten.
- ☐ Schwerbehinderte dürfen nur besonders einfache und leichte Arbeiten verrichten.

b) Wie viele Arbeitsstunden sind nach dem **Arbeitszeitgesetz** höchstens pro Tag zulässig? ____________

Wie lange muss nach dem **Arbeitszeitgesetz** die Ruhezeit zwischen zwei Arbeitstagen sein? ____________

c) Für bestimmte Bereiche sind Abweichungen vom **Arbeitszeitgesetz** gestattet. Nennen Sie drei Beispiele.

____

____

d) Wer erlässt die **Unfallverhütungsvorschriften**?

____

____

e) Nennen Sie drei wesentliche Bestimmungen des **Mutterschutzgesetzes**.

____

____

____

____

6. Tragen Sie in das Schaubild die wichtigsten **Organe zur Überwachung der Arbeitsschutzvorschriften** ein.

____________________ → **Überwachung der Arbeitsschutzvorschriften** ← ____________________

 → 29

Jugendarbeitsschutzgesetz

In einem Bericht aus dem Jahre 1830 aus England heißt es:

„In den Kohlen- und Eisenbergwerken arbeiten Kinder von 4, 5, 7 Jahren, die meisten sind indes über 8 Jahre alt. Sie werden gebraucht, um das losgebrochene Material von der Bruchstelle nach dem Pferdeweg oder nach dem Hauptschacht zu transportieren, und um die Zugtüren, welche die verschiedenen Abteilungen des Bergwerks trennen, bei der Passage von Arbeitern und Material zu öffnen und wieder zu schließen. Zur Beaufsichtigung dieser Türen werden meist die kleinsten Kinder gebraucht, die auf diese Weise 12 Stunden täglich im Dunkeln einsam in einem engen, meist feuchten Gang sitzen müssen.“ – „Diese Kinder kennen ihre Eltern gewöhnlich nicht näher und wissen nur, dass jeden Morgen um fünf, oft schon um vier Uhr ein Mann oder eine Frau kommt, um sie zu wecken. Die älteren Geschwister tragen ihre noch schlafenden kleineren Geschwister auf dem Rücken in die Fabrik, und sie sehen ihre Eltern erst wieder, wenn sie abends nach Hause kommen und zu Bett geschickt werden.“

7. **Ähnliche Zustände wie in dem Bericht herrschten damals auch bei uns. Wie die Abbildung zeigt, ist Kinderarbeit in vielen Entwicklungsländern noch heute an der Tagesordnung. Das Jugendarbeitsschutzgesetz soll in Deutschland solche Zustände verhindern. Überprüfen Sie, ob bei den folgenden Beispielen Verstöße gegen das Jugendarbeitsschutzgesetz vorliegen.**

Beispiele	Auswertung/Regel
1. Die 16-jährige Karin hat einen Ausbildungsplatz in ihrem Traumberuf bekommen. Nach 14 Tagen meint ihr Chef, sie habe großes Glück. Nicht nur, dass Karin einen Ausbildungsplatz gefunden habe. Sie dürfe ab sofort auch täglich 9 Stunden arbeiten.	
2. Damit sie eine bessere Busverbindung ausnützen kann, hat Karin jeden Tag 35 Minuten früher Feierabend. Dafür beträgt ihre Mittagspause nur noch 25 Minuten.	
3. In der Berufsschule fällt nach der 4. Stunde der Unterricht aus. Karin geht nach Schulschluss sofort nach Hause. Darf sie das?	
4. Herr Bös ändert die Arbeitszeiten. Karin arbeitet jetzt von 7.00 Uhr bis 20.00 Uhr. Dafür hat sie eine Pause von 12.00 Uhr bis 17.00 Uhr. Sie beschwert sich – mit Recht?	
5. Weil sie eine Wirtschaftskundearbeit versäumen kann und sie 20 € extra erhält, arbeitet Karin an ihrem Berufsschultag im Betrieb.	
6. Damit sie das Geld für einen Windsurfingkurs zusammenbekommt, leistet Karin Akkordarbeit.	

Beispiele	Auswertung/Regel
7. Herr Bös verlangt von Karin, dass sie endlich die ärztliche Bescheinigung über die Erstuntersuchung vorlegt.	______________________________ ______________________________
8. Weil Karin inzwischen 17 Jahre alt ist, überlegt sie, wie viele Tage Jahresurlaub sie im nächsten Jahr beanspruchen kann.	______________________________ ______________________________

8. **Ergänzen Sie die Zusammenfassung über das Jugendarbeitsschutzgesetz.**

Jugendarbeitsschutzgesetz

Arbeitszeit

höchstens:
- täglich __________
- wöchentl. __________

Ruhepausen

bei einer Arbeitszeit von:
- 4,5–6 Std. = __________
- über 6 Std. = __________

Urlaub

- 15-Jährige = ___ Werktage
- 16-Jährige = ___ Werktage
- 17-Jährige = ___ Werktage

Berufsschulzeit

Mehr als ____ Unterrichtsstunden entsprechen einem Arbeitstag.

Schichtzeit

Arbeitszeit inkl. Pausen darf höchstens ________ betragen.

verbotene Arbeiten

____
____
____
____

ärztliche Untersuchungen

____
____
____
____

Anwendungsbereich

Alle Personen unter ____ Jahren

→ Wer noch keine ____ Jahre alt ist, gilt als __________.

→ ______________________ ist grundsätzlich verboten.

Die **Beratung** und **Überwachung** erfolgen durch das ______________________________.

1. Manuela Bauer hat soeben ihre Ausbildung zur Fleischereiverkäuferin abgeschlossen. Deshalb möchte sie sich für die angebotene Stelle bewerben. Erläutern Sie, was zu den üblichen **Bewerbungsunterlagen** gehört.

> **Arbeiten, wo andere Urlaub machen**
>
> **Für unsere Filiale in Lindau suchen wir für sofort oder später eine/n tüchtige/n**
>
> **Fleischereiverkäufer/in**
>
> Neben einer abgeschlossenen Berufsausbildung erwarten wir Grundkenntnisse im Partyservice. Es handelt sich um eine gut dotierte Stellung in einem modern eingerichteten Betrieb, die teamorientiertes Arbeiten voraussetzt. Sie sind engagiert und zielstrebig? Dann bieten sich beste Zukunftschancen. Vorbildliche Sozialleistungen, 5-Tage-Woche usw. sind für uns selbstverständlich.
>
> Ihre Bewerbung mit den üblichen Bewerbungsunterlagen senden Sie bitte an:
>
> **Schleckermann OHG**, Hugo-Holzer-Str. 12, 88131 Lindau

2. Aufgrund ihrer Bewerbung wird Manuela Bauer von der Schleckermann OHG zu einem Vorstellungsgespräch eingeladen. Welche Pflichten haben die Gesprächspartner beim **Vorstellungsgespräch**?

Pflichten des Einstellenden:	Pflichten des Bewerbers:

3. Verena bewirbt sich ihrer Ausbildung zu Friseurin um eine Stelle in einem Haarstudio. Beurteilen Sie, ob die folgenden Fragen im Vorstellungsgespräch zulässig oder unzulässig sind.

	zulässig	unzulässig
a) Sind Sie schwerbehindert?		
b) Planen Sie in den nächsten zwei Jahren Kinder zu bekommen?		
c) Mit welchem Ergebnis haben Sie Ihre Gesellenprüfung abgelegt?		
d) Sind Sie Mitglied einer Gewerkschaft?		
e) Haben Sie Schulden?		
f) Wie hoch war Ihr bisheriges Gehalt?		
g) Haben Sie an Fortbildungen teilgenommen?		
h) Sind Sie schwanger?		

34–35

Datum: ....

1. Ergänzen Sie den Lückentext und stellen Sie fest, wer die Vertragspartner beim Arbeitsvertrag sind.

Der Abschluss eines Arbeitsvertrages ist ______________, d.h. es ist keine bestimmte Form vorgeschrieben. Jedoch verpflichtet das **Nachweisgesetz** den Arbeitgeber, die wichtigsten ______________________________ schriftlich niederzulegen, zu unterschreiben und dem Arbeitnehmer auszuhändigen. Dadurch werden unnötige ______________________ verhindert und vereinbarte Ansprüche können ohne ______________________ durchgesetzt werden. Die Niederschrift muss mindestens folgende Punkte beinhalten:

____

Arbeitsvertrag

____
____
____
____
____
____
____
____

____

2. Ergänzen Sie das Schaubild.

Arbeitsvertrag

Pflichten des Arbeitgebers	Pflichten des Arbeitnehmers
______________________	______________________
______________________	______________________
______________________	______________________
______________________	______________________
______________________	______________________

3. Bei Stellenantritt muss der Arbeitnehmer seine Arbeitspapiere beim Arbeitgeber abgeben. Welche Unterlagen sind damit gemeint?

____
____
____
____
____

 34–36 Datum: ....

4. **Stefan Berger soll am 1. September 2024 in der Konditorei Schlecker eine Stelle als ausgelernter Konditor antreten. Es wurde vereinbart, dass er bei einer Arbeitszeit von 40 Stunden pro Woche ein Bruttomonatsgehalt von 2 700,00 € erhält. Füllen Sie den Arbeitsvertrag für Stefan aus. Achten Sie darauf, dass geltende gesetzliche Bestimmungen eingehalten werden. Legen Sie folgende Angaben zugrunde:**

Konditormeister Max Schlecker, Hauptstraße 57, 71638 Ludwigsburg
Stefan Berger, Ostergasse 41, 71706 Markgröningen

Arbeitsvertrag

Zwischen ______________________________
nachfolgend „Arbeitgeber" genannt und

Frau/Herr ______________________________
nachfolgend „Arbeitnehmer" genannt, wird folgender Arbeitsvertrag geschlossen.

§ 1 Beginn des Arbeitsverhältnisses
Das Arbeitsverhältnis beginnt am ______________________________.

§ 2 Probezeit
Dieser Vertrag wird auf unbestimmte Zeit abgeschlossen, dabei gelten die ersten ______________ als Probezeit.

Während der Probezeit kann das Arbeitsverhältnis mit einer Frist von ______________ gekündigt werden.

§ 3 Tätigkeit
Der Arbeitnehmer wird als Konditor eingestellt, also für die Herstellung von Torten und Kuchen, Pralinen, Konfekt, Marzipan- und Zuckererzeugnissen, Salz-, Käse- und Dauergebäck, Speiseeis usw.

§ 4 Arbeitsvergütung
Der Arbeitnehmer erhält eine monatliche Bruttovergütung von ______________________________ €.

§ 5 Arbeitsort
Konditorei-Café Schleckerman in 71638 Ludwigsburg, Wilhelmstraße 57.

§ 6 Arbeitszeit
Die regelmäßige wöchentliche Arbeitszeit beträgt bei 5 Arbeitstagen pro Woche derzeit ______________ Stunden. Beginn und Ende der täglichen Arbeitszeit richten sich nach der betrieblichen Einteilung.

§ 7 Urlaub
Der Arbeitnehmer hat Anspruch auf den gesetzlichen Mindesturlaub von __________ Werktagen im Kalenderjahr.

§ 8 Verschwiegenheitspflicht
Der Arbeitnehmer verpflichtet sich, während der Dauer des Arbeitsverhältnisses und auch nach seinem Ausscheiden zur Verschwiegenheit über alle Betriebs- und Geschäftsgeheimnisse.

§ 9 Kündigung
Nach Ablauf der Probezeit beträgt die Kündigungsfrist ______________________________

______________________________.

Die Kündigung bedarf der ______________________________.

§ 10 Nebentätigkeit
Jede entgeltliche oder das Arbeitsverhältnis beeinträchtigende Nebenbeschäftigung bedarf der Zustimmung des Arbeitgebers.

______________________	______________________
(Ort, Datum)	(Ort, Datum)
______________________	______________________
(Unterschrift Arbeitgeber)	(Unterschrift Arbeitnehmer)

1. **Ein Arbeitsverhältnis endet durch Renteneintritt oder den Tod des Arbeitnehmers. Nennen Sie weitere Möglichkeiten.**

Ein Arbeitsverhältnis wird beendet durch

______________________	______________________	______________________
wenn der Vertrag nur für eine bestimmte Zeit geschlossen wurde.	wenn Arbeitgeber und Arbeitnehmer sich einigen, das Arbeitsverhältnis zu beenden.	eines Vertragspartners. Vorgeschrieben ist die Schriftform.

Kündigung

2. **Ergänzen Sie die Übersicht über die außerordentliche (fristlose) Kündigung.**

Liegt ein ______________________ vor, dann können Arbeitgeber und Arbeitnehmer **fristlos** kündigen.

Fristlose Kündigung

Ein **Arbeitnehmer** kann fristlos kündigen: z. B.:	Ein **Arbeitgeber** kann fristlos kündigen: z. B.:
______________________	______________________
______________________	______________________
______________________	______________________

Wer eine fristlose Kündigung verursacht, muss unter Umständen ______________________ leisten.

3. **Die ordentliche (gesetzliche) Kündigung erfolgt unter Einhaltung der Kündigungsfrist. Nennen Sie diese.**

gesetzliche Kündigungsfrist für alle Arbeitnehmer ______________________

____

4. **Ermitteln Sie den letzten Arbeitstag.**

Arbeitnehmer	Letzter Arbeitstag
Heinz Bock kündigt am 10. März zum nächstmöglichen Termin. Wann ist sein letzter Arbeitstag?	
Martha Bauer kündigt am 23. Mai zum nächstmöglichen Termin. Wann ist ihr letzter Arbeitstag?	

Allgemeiner Kündigungsschutz

5. **Stellen Sie anhand des nachfolgenden Gesetzestextes fest, unter welchen Voraussetzungen bei einem Arbeitnehmer der allgemeine Kündigungsschutz gilt.**

____

____

Auszug aus dem Kündigungsschutzgesetz

§ 1 Sozial ungerechtfertigte Kündigung
(1) Die Kündigung des Arbeitsverhältnisses gegenüber einem Arbeitnehmer, dessen Arbeitsverhältnis in demselben Betrieb oder Unternehmen ohne Unterbrechung länger als sechs Monate bestanden hat, ist rechtsunwirksam, wenn sie sozial ungerechtfertigt ist. [...]

§ 23 Geltungsbereich
(1) [...] Die Vorschriften [...] gelten [...] nicht für Betriebe und Verwaltungen, in denen in der Regel fünf oder weniger Arbeitnehmer [...] beschäftigt werden. [...]

Anmerkung: Für seit 2004 neu eingestellte Arbeitnehmer erhöht sich die Grenze auf 10 oder weniger Arbeitnehmer.

Sofern der **allgemeine Kündigungsschutz** gilt, ist eine Kündigung nur zulässig, wenn ein Kündigungsgrund vorliegt. Erläutern Sie die zulässigen Kündigungsgründe jeweils durch entsprechende Beispiele.

Kündigungsgründe

Verhalten des Arbeitnehmers:

____

____

____

↑ Voraussetzung

____

Person des Arbeitnehmers:

____

____

____

____

Betriebliche Erfordernisse:

____

____

↑ Voraussetzung

____

____

Besonderer Kündigungsschutz

6. **Arbeitnehmer, die bestimmten Personenkreisen angehören, genießen einen besonderen Kündigungsschutz, d. h., sie sind unter bestimmten Voraussetzungen ______________________. Ergänzen Sie das Schaubild.**

Besonderer Kündigungsschutz

____

____

sind unkündbar während der ______________________ und bis ______________________ nach der Entbindung sowie während der Elternzeit.

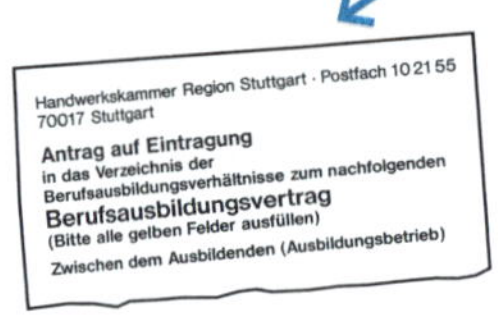
Handwerkskammer Region Stuttgart · Postfach 10 21 55
70017 Stuttgart
Antrag auf Eintragung
in das Verzeichnis der Berufsausbildungsverhältnisse zum nachfolgenden
Berufsausbildungsvertrag
(Bitte alle gelben Felder ausfüllen)
Zwischen dem Ausbildenden (Ausbildungsbetrieb)

____

____

sind unkündbar nach der ______________________.

____

____

Ohne Zustimmung des Integrationsamtes ist eine Kündigung unzulässig.

Betriebsräte und Jugendvertreter

sind unkündbar während ihrer ______________________ sowie ______________________ danach.

7. **Begründen Sie, ob die Kündigungen gerechtfertigt sind.**

Ein Ausbilder beleidigt seine Auszubildende schwer, diese kündigt fristlos.	______________________
Ein Arbeitnehmer teilt wichtige Konstruktionspläne der Konkurrenz mit und wird fristlos gekündigt.	______________________
Als sie ihre Schwangerschaft meldet, wird einer Frau fristlos gekündigt.	______________________
Einem verheirateten Arbeiter, der 4 Kinder hat und seit 5 Jahren in einer großen Firma arbeitet, wird wegen Rationalisierungsmaßnahmen fristgerecht gekündigt.	______________________ ______________________

1. Unterscheiden Sie zwischen einem einfachen und einem qualifizierten **Arbeitszeugnis.**

Arbeitszeugnis

einfaches Arbeitszeugnis | qualifiziertes Arbeitszeugnis

2. Geben Sie an, was die einzelnen Formulierungen in einem Arbeitszeugnis wirklich bedeuten.

a) Sie hatte stets Verständnis für Ihre Arbeit.

b) Er war seinen Mitarbeitern jederzeit ein verständnisvoller Vorgesetzter.

c) Sie erzielte nicht unerhebliche Verkaufsumsätze.

d) Im Umgang mit Kollegen zeigte er durchweg eine erfrischende Offenheit.

e) Durch ihre gesellige Art trug sie zur Verbesserung des Betriebsklimas bei.

f) Er verfügte über Fachwissen und ein gesundes Selbstvertrauen.

g) Sie arbeitete stets mit größter Genauigkeit.

h) Er hat alle Aufgaben in seinem und im Interesse der Firma gelöst.

i) Sie hat an allen ihr gestellten Aufgaben mit großem Fleiß gearbeitet.

j) Er verstand es, alle Arbeiten zu delegieren.

3. **Beurteilen Sie die folgenden Formulierungen, die aus verschiedenen Arbeitszeugnissen stammen.**

Die übertragenen Arbeiten wurden …	
a) … stets zur vollsten Zufriedenheit erledigt.	______________________
b) … zur Zufriedenheit erledigt.	______________________
c) … stets zur vollen Zufriedenheit erledigt.	______________________
d) … im Großen und Ganzen zur Zufriedenheit erledigt.	______________________
e) … zur vollen Zufriedenheit erledigt.	______________________
f) Er/sie hat sich bemüht, die Arbeiten zu unserer Zufriedenheit zu erledigen.	______________________

4. **Manfred Bayer war rund 4 Jahre als Abteilungsleiter in einem größeren Industriebetrieb tätig. Bei seinem Ausscheiden aus der Firma erhält er folgendes Arbeitszeugnis:**

Arbeitszeugnis:

Herr Manfred Bayer, geboren am 25.03.1978 in Halle, ist am 01.07.2020 als Leiter der Abteilung Rechnungswesen in unser Unternehmen eingetreten.

Neben der Betriebsabrechnung und der Kalkulation umfasste sein Aufgabenbereich auch die innerbetriebliche Leistungsabrechnung der einzelnen Abteilungen. Am Anfang seiner Tätigkeit wurde unter seiner Leitung die vollständige Umstellung auf EDV vollzogen.

Aus organisatorischen Gründen wurde dieses Aufgabengebiet ab dem 01.11.2023 einem anderen Verantwortungsbereich unterstellt.

Während seiner Betriebszugehörigkeit hatte Herr Bayer die Gelegenheit, verschiedene Abteilungen unseres Unternehmens kennenzulernen und sich auf vielen Gebieten Kenntnisse anzueignen.

Herr Bayer hat sich stets bemüht, die ihm übertragenen Aufgaben zu unserer Zufriedenheit zu erledigen. Wir haben ihn als einen Menschen kennengelernt, dem Ordnungsliebe und Genauigkeit über alles gingen.

Herr Bayer verlässt uns zum 30.09.2024, um eine andere Aufgabe zu übernehmen.

a) **Unterstreichen Sie die Aussagen des Arbeitszeugnisses, die Sie für negativ halten.**

b) Bewerten Sie das Zeugnis mit einer Note zwischen 1 und 6. ______________________

c) **Begründen Sie die Note, die Sie vergeben haben.**

____

____

____

____

____

____

____

____

____

____

____

____

____

____

____

____

____

____

____

Betriebsrat

Auszug aus dem Betriebsverfassungsgesetz (BetrVG)

§ 1 Errichtung von Betriebsräten In Betrieben mit in der Regel mindestens fünf ständigen wahlberechtigten Arbeitnehmern, von denen drei wählbar sind, werden Betriebsräte gewählt. [...]

§ 7 Wahlberechtigung Wahlberechtigt sind alle Arbeitnehmer des Betriebs, die das 16. Lebensjahr vollendet haben. [...]

§ 8 Wählbarkeit (1) Wählbar sind alle Wahlberechtigten, die das 18. Lebensjahr vollendet haben und sechs Monate dem Betrieb angehören [...].

§ 9 Zahl der Betriebsratsmitglieder Der Betriebsrat besteht in Betrieben mit in der Regel

5 bis 20 wahlberechtigten Arbeitnehmern aus einer Person,

21 bis 50 wahlberechtigten Arbeitnehmern aus 3 Mitgliedern,

51 bis 100 wahlberechtigten Arbeitnehmern aus 5 Mitgliedern, [...].

§ 21 Amtszeit Die regelmäßige Amtszeit des Betriebsrates beträgt vier Jahre. [...]

1. Beantworten Sie folgende Fragen mit Hilfe des Gesetzestextes:

a) Welche Voraussetzungen müssen erfüllt sein, damit in einem Betrieb ein Betriebsrat gewählt werden kann?

____

____

b) Wer kann zum Betriebsrat gewählt werden?

____

____

c) Die Großbäckerei Zwerger hat 75 Arbeitnehmer. Wie viele Betriebsratsmitglieder hat der Betrieb?

____

d) Antonio Rigatoni hat die italienische Staatsangehörigkeit. Ist er wahlberechtigt bei den Betriebsratswahlen?

____

2. Im sozialen, im personellen und im wirtschaftlichen Bereich hat der Betriebsrat ein unterschiedliches Mitbestimmungsrecht. Ergänzen Sie die Übersicht durch passende Beispiele.

Mitbestimmung des Betriebsrats

sozialer Bereich	personeller Bereich	wirtschaftlicher Bereich
Der Betriebsrat hat ein echtes **Mitbestimmungsrecht**, d. h. ohne seine Zustimmung können die Maßnahmen nicht beschlossen werden.	Der Betriebsrat kann seine **Zustimmung** verweigern, wenn er schwerwiegende Gründe hat. Die letzte Entscheidung trifft dann das Arbeitsgericht.	Der Betriebsrat muss über anstehende Maßnahmen informiert werden. Er hat ein **Beratungsrecht**. Verweigert er die Zustimmung zu den geplanten Maßnahmen, bleibt dies ohne Wirkung.
Beispiele:	Beispiele:	Beispiele:
____________	____________	____________
____________	____________	____________
____________	____________	____________
____________	____________	____________

3. **In der Großbäckerei Zwerger soll ein Mitarbeiter entlassen werden. Ohne den Betriebsrat zu informieren, kündigt die Geschäftsleitung dem betroffenen Arbeitnehmer fristgerecht. Überprüfen Sie anhand des Gesetzestextes: Ist die Kündigung wirksam? Welche Mitwirkungsrechte hat der Betriebsrat bei einer Kündigung?**

Auszug aus dem Betriebsverfassungsgesetz (BetrVG)

§ 102 Mitbestimmung bei Kündigungen (1) Der Betriebsrat ist vor jeder Kündigung zu hören. Der Arbeitgeber hat ihm die Gründe für die Kündigung mitzuteilen. Eine ohne Anhörung des Betriebsrats ausgesprochene Kündigung ist unwirksam. [...]
(3) Der Betriebsrat kann [...] der ordentlichen Kündigung widersprechen, wenn
1. der Arbeitgeber bei der Auswahl des zu kündigenden Arbeitnehmers soziale Gesichtspunkte nicht oder nicht ausreichend berücksichtigt hat, [...]
3. der zu kündigende Arbeitnehmer an einem anderen Arbeitsplatz im selben Betrieb oder in einem anderen Betrieb des Unternehmens weiterbeschäftigt werden kann, [...]
5. eine Weiterbeschäftigung unter geänderten Vertragsbedingungen möglich ist und der Arbeitnehmer sein Einverständnis hiermit erklärt hat. [...]

Betriebsversammlung

4. Wen lädt der Betriebsrat zur **Betriebsversammlung** ein?

5. Wie oft finden Betriebsversammlungen statt?

Jugend- und Auszubildendenvertretung (JAV)

6. Ergänzen Sie die folgenden Aussagen zur **Jugend- und Auszubildendenvertretung.**

- Eine Jugend- und Auszubildendenvertretung kann gewählt werden, wenn mindestens ______ Jugendliche oder Auszubildende beschäftigt werden.
- Wählbar sind alle ____________________ des Betriebes.
- Die Amtszeit der JAV beträgt ______ Jahre.
- Die JAV verhandelt nicht direkt mit dem Arbeitgeber. Sie muss ihre Interessen über den ____________ durchsetzen.
- Die Hauptaufgabe der JAV ist es, ____________________

 51–52 Datum: ....

Betriebsvereinbarungen

Betriebsverordnungen für Hamburger Amtsstuben und Comptoirs 1863 – 1872
Zur Beachtung des Personals

Gottesfurcht, Sauberkeit und Pünktlichkeit sind die Voraussetzungen für ein ordentliches Geschäft.

Das Personal braucht jetzt nur noch an Wochentagen zwischen 6 Uhr vormittags und 6 Uhr nachmittags anwesend zu sein. Der Sonntag dient dem Kirchgang. Jeden Morgen wird im Hauptbüro das Gebet gesprochen.

Es wird von jedermann Ableistung von Überstunden erwartet, wenn das Geschäft sie begründet erscheinen lässt.

Der dienstälteste Angestellte ist für die Sauberkeit des Büros verantwortlich. Alle Jungen und Junioren melden sich bei ihm 40 Minuten vor dem Gebet und bleiben auch nach Arbeitsschluss zur Verfügung.

Einfache Kleidung ist Vorschrift. Das Personal darf sich nicht in hellschimmernden Farben bewegen und nur ordentliche Strümpfe tragen. Überschuhe und Mäntel dürfen im Büro nicht getragen werden, da dem Personal ein Ofen zur Verfügung steht. Ausgenommen sind bei schlechtem Wetter Halstücher und Hüte. Außerdem wird empfohlen, in Winterszeiten täglich 4 Pfund Kohle pro Personalmitglied mitzubringen.

Während der Bürostunde darf nicht gesprochen werden. Ein Angestellter, der Zigarren raucht, Alkohol in irgendwelcher Form zu sich nimmt, Billardsäle und politische Lokale aufsucht, gibt Anlass, seine Ehre, Gesinnung, Rechtschaffenheit und Redlichkeit anzuzweifeln.

Die Einnahme von Nahrung ist zwischen 11.30 und 12.00 Uhr erlaubt. Jedoch darf die Arbeit dabei nicht eingestellt werden.

Der Kundschaft und Mitgliedern der Geschäftsleitung nebst Angehörigen ist mit Ehrerbietung und Bescheidenheit zu begegnen.

Jedes Personalmitglied hat die Pflicht, für die Erhaltung seiner Gesundheit Sorge zu tragen, im Krankheitsfalle wird die Lohnzahlung eingestellt. Es wird daher dringend empfohlen, dass jedermann von seinem Lohn eine hübsche Summe für einen solchen Fall wie auch für die alten Tage beiseite legt, damit er bei Arbeitsunvermögen und bei abnehmender Schaffenskraft nicht der Allgemeinheit zur Last fällt.

Zum Abschluss sei die Großzügigkeit dieser neuen Büroordnung betont. Zum Ausgleich wird eine wesentliche Steigerung der Arbeit erwartet.

7. **Ein Arbeitgeber, der in der heutigen Zeit eine solche Betriebsordnung einführen wollte, hätte damit sicherlich Probleme. Denn sie würde gegen zahlreiche Arbeitsschutzgesetze verstoßen. Außerdem werden Betriebsvereinbarungen heute nicht allein vom Arbeitgeber beschlossen, sie werden zwischen zwei Beteiligten vereinbart. Ergänzen Sie dementsprechend das Schaubild; soweit erforderlich mit Hilfe des untenstehenden Gesetzestextes.**

____________________ → **Betriebs-vereinbarung** ← ____________________
(als Vertreter der Arbeitnehmer)

↓

Merkmale

- Betriebsvereinbarungen müssen ____________________ abgefasst und im Betrieb ausgehängt werden.
- Betriebsvereinbarungen dürfen die geltenden gesetzlichen und tarifvertraglichen Bestimmungen nur ____________________, nicht jedoch ____________________.
- Betriebsvereinbarungen regeln z. B. ____

____

§ 77 Betriebsverfassungsgesetz (BetrVG)

Betriebsvereinbarungen [...] (2) Betriebsvereinbarungen sind von Betriebsrat und Arbeitgeber gemeinsam zu beschließen und schriftlich niederzulegen. [...]
(4) Betriebsvereinbarungen gelten unmittelbar und zwingend. Werden Arbeitnehmern durch Betriebsvereinbarungen Rechte eingeräumt, so ist ein Verzicht auf sie nur mit Zustimmung des Betriebsrates zulässig. [...]

8. **Wegen schlechter Auftragslage streicht ein Arbeitgeber einseitig seinen Beschäftigten das in der Betriebsvereinbarung zusätzlich gewährte Urlaubsgeld. Ist dies zulässig?**

____

____

____

53–56

Datum: ....

Tarifvertragsarten

1. Ergänzen Sie das Schaubild über die wichtigsten Tarifvertragsarten.

Sozialpartner

____

Sie vereinbaren für die Arbeitgeber

____

Sie vereinbaren für die Arbeitnehmer

Tarifverträge

Arten

____

Inhalt:

____

____

____

____

Laufzeit: ______________________

____

Inhalt:

____

____

____

____

Laufzeit: ______________________

Diese Einteilung wurde vorgenommen, damit ______________________

____

____

____

____

2. Tarifgebunden sind nur diejenigen Arbeitnehmer, die der vertragschließenden Gewerkschaft angehören und nur die Arbeitgeber, die dem vertragsschließenden Arbeitgeberverband angehören oder selbst Tarifvertragspartei sind (z. B. VW und andere Großunternehmen). Beim Abschluss eines Arbeitsvertrages müssen die Tarifbestimmungen demnach nur dann zugrundegelegt werden, wenn beide Vertragspartner, nämlich Arbeitgeber und Arbeitnehmer, an den Tarifvertrag gebunden sind.
Kreuzen Sie an, ob der Tarifvertrag beim Abschluss eines Einzelarbeitsvertrages zugrundegelegt werden muss.

a) Der Arbeitgeber hat einen Haustarifvertrag abgeschlossen, der Arbeitnehmer ist Mitglied einer Gewerkschaft.	☐ **Ja**, der Tarifvertrag ist verbindlich. ☐ **Nein**, er ist nicht verbindlich.
b) Der Arbeitgeber ist Mitglied des Arbeitgeberverbandes, der Arbeitnehmer gehört keiner Gewerkschaft an.	☐ **Ja**, der Tarifvertrag ist verbindlich. ☐ **Nein**, er ist nicht verbindlich.

c) Der Arbeitnehmer ist Mitglied in der Gewerkschaft, der Arbeitgeber ist Mitglied des Arbeitgeberverbandes.	☐ **Ja**, der Tarifvertrag ist verbindlich. ☐ **Nein**, er ist nicht verbindlich.
d) Weder Arbeitgeber noch Arbeitnehmer sind „organisiert".	☐ **Ja**, der Tarifvertrag ist verbindlich. ☐ **Nein**, er ist nicht verbindlich.
e) Der Arbeitnehmer ist in der Gewerkschaft, der Arbeitgeber jedoch ist kein Mitglied im Arbeitgeberverband.	☐ **Ja**, der Tarifvertrag ist verbindlich. ☐ **Nein**, er ist nicht verbindlich.

3. Die nachfolgende Übersicht enthält wichtige Begriffe aus dem Tarifvertragsrecht.

Ergänzen Sie die fehlenden Textstellen.

a) Die Tarifvertragspartner sind unabhängig vom Staat und haben das Recht, selbstständig Tarifverträge auszuhandeln und abzuschließen. Der Staat besitzt kein Eingriffsrecht.	←	______________________
b) ______________________	←	**Allgemeinverbindlichkeit**
c) Die Regelungen des Tarifvertrags sind Mindestleistungen, die im Einzelarbeitsvertrag nicht unterschritten werden dürfen (auch wenn der Arbeitnehmer sich z. B. schriftlich mit geringerem Lohn oder weniger Urlaub einverstanden erklärt). Verbesserungen für den Arbeitnehmer sind zulässig.	←	______________________ ______________________
d) ______________________	←	**Friedenspflicht**
e) ______________________ + ______________________	←	**Sozialpartner**

Tarifverhandlungen

1. Das nachfolgende Schaubild zeigt den Ablauf von Tarifverhandlungen. Ergänzen Sie die fehlenden Stellen.

____

zwischen

____

und

____

→ Einigung → **Neuer Tarifvertrag**

↓

Die Verhandlungen werden für

____

erklärt.

↓

unabhängiger

____

____

→ Einigung → **Neuer Tarifvertrag**

↓

Scheitern der

____

↓

____

Wenn mindestens ____________ zustimmen: →

____

→ mögliche Gegenmaßnahme der Arbeitgeber:

____

↑

neue

____

↑

____

über das Ergebnis.
Streikende, wenn mindestens 25 % zustimmen

→ Zustimmung → **Neuer Tarifvertrag**

2. **Tarifverhandlungen sind gekennzeichnet durch starke Interessengegensätze zwischen Arbeitgeberverbänden und Gewerkschaften. Tragen Sie drei solcher Gegensätze ein.**

Gewerkschaften sind interessiert an		**Arbeitgeberverbände** sind interessiert an
______________________	⟷	______________________
______________________		______________________
______________________.		______________________.

Merke: Tarifverhandlungen sind ______________________.

Arbeitskampf

3.

Generalstreik legt Griechenland lahm

Schwerpunktstreik zeigt Wirkung: Produktionsstörungen bei VW

Beschäftigte im öffentlichen Dienst drohen mit Bummelstreik

Warnstreiks in der westdeutschen Metallindustrie

Wilder Streik bei Reifenfirma – fünf entlassen

Die Gewerkschaften unterstützen sich: seit heute Sympathiestreiks

Man unterscheidet verschiedene Streikarten. Ergänzen Sie in diesem Zusammenhang die Übersicht.

a) Es werden nur die ______________ Betriebe eines Wirtschaftszweiges bestreikt.	←	**Schwerpunktstreik**
b) Alle Betriebe eines ______________ werden bestreikt.	←	**Totaler Streik** (Flächenstreik)
c) Die ganze Wirtschaft wird bestreikt.	←	______________
d) Die Arbeit wird für kurze Zeit unterbrochen, um die Streikbereitschaft zu zeigen.	←	______________

e) Streik ohne ____________________ und ohne Genehmigung der ____________________ . ← **Wilder Streik**

4. Beurteilen Sie folgende Fälle:

a) Alle Betriebe der Metallindustrie werden bestreikt. Dies ist

- ☐ ein Generalstreik
- ☐ ein Schwerpunktstreik
- ☐ ein Totaler Streik (Flächenstreik).

b) Ihr Chef kündigt neue Arbeitszeiten an. Sie und Ihre sämtlichen Kollegen sind über diese Zeiten empört. Als der Chef nicht bereit ist, diese wieder zu ändern, beschließen alle Arbeitnehmer zu streiken. Welche Streikart liegt vor? Mit welchen Folgen müssten die Beteiligten rechnen? Begründen Sie Ihre Antwort.

____

____

____

c) Angenommen, Sie sind Gewerkschaftssekretär bei der Gewerkschaft NGG (Nahrung, Genuss, Gaststätten). Im Rahmen der Tarifverhandlungen für die Beschäftigten des Fleischerhandwerks sollen Sie entscheiden, welche Betriebe in Ihrer Stadt bestreikt werden müssen. Folgende Möglichkeiten stehen zur Wahl:

– 4 große Supermärkte, viele Gewerkschaftsmitglieder

– 250 Fleischereien, kaum Mitglieder

– der örtliche Schlachthof, viele Mitglieder.

Welche Betriebe würden Sie bestreiken – alle oder einen Teil? Begründen Sie Ihre Antwort.

____

____

____

d) Wie wirkt sich die Aussperrung auf die betroffenen Arbeitnehmer aus?

____

____

____

____

____

____

61, 268

Tarifverhandlung

Problemsituation:
Die Tarifverhandlungen zwischen der Industriegewerkschaft Metall (IG Metall) und dem Arbeitgeberverband Metall sind gescheitert. Nun soll in einem Schlichtungsverfahren versucht werden, doch noch zu einem Vertragsabschluss zu kommen, mit dem beide Seiten leben können. Um den Druck auf die anderen Verhandlungspartner zu erhöhen, haben die Parteien unterschiedliche Arbeitskampfmittel, nämlich den Streik und die Aussperrung. Während des Schlichtungsverfahrens sind diese jedoch verboten.

Arbeitsauftrag:
Führen Sie zu dieser Konfliktsituation ein Rollenspiel durch, bilden Sie für jede Rollenkarte eine Gruppe und legen Sie Ihr Verhandlungsziel fest.

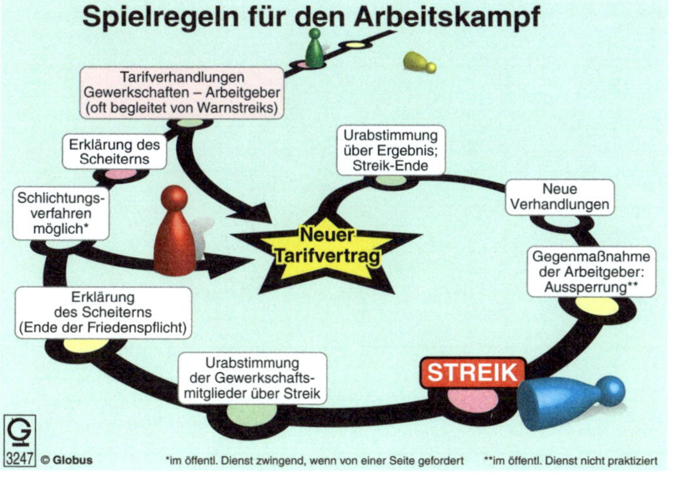

Rollenkarte für Vertreter/in der Industriegewerkschaft Metall (IG Metall)

Die Arbeitnehmer haben folgende Interessen:
Eine deutliche Erhöhung der Tariflöhne, weil die tarifliche Arbeitszeit verlängert und der Jahresurlaub gekürzt wurde. Seit der letzten Tariflohnerhöhung sind die Lebenshaltungskosten um mehr als 4 % gestiegen. Vor allem gestiegene Sozialversicherungsbeiträge, Strompreise, Mietnebenkosten und Benzinkosten machen das Leben teurer.
Verhandlungsziel: deutliche Lohnerhöhung
Mindestziel: … % mehr Lohn pro Monat sowie … € Einmalzahlung.

Rollenkarte für Vertreter/in des Arbeitgeberverbandes Metall

Die Arbeitgeber haben folgende Interessen:
Die Lohnkosten sollen niedrig gehalten werden, um die gestiegenen Preise der Zulieferer, z. B. Eisen und Stahl, Kunststoffe usw. auszugleichen. Außerdem sind die Transportkosten und Energiekosten rasant gestiegen. Auch der gestiegene Mindestlohn verteuert die Produktion erheblich. Man sieht die Wettbewerbsfähigkeit gefährdet durch günstige Anbieter aus dem Ausland.
Verhandlungsziel: minimale Lohnerhöhung
Äußerste Kompromissgrenze: … % Lohn pro Monat sowie eine Einmalzahlung von … €

Rollenkarte für unabhängige/n Schlichter/-in

Der Schlichter hat folgende Interessen: Er wurde als Unparteiischer gebeten, ein Schlichtungsverfahren durchzuführen, um einen drohenden Arbeitskampf zu vermeiden sowie einen Kompromiss zu finden, mit dem beide Seiten leben können.

Beurteilungsbogen für das Rollenspiel

Verfolgen Sie das Rollenspiel aufmerksam.

Notieren Sie kurz:

Beobachtungskriterien	Beurteilung (Kreuzen Sie an)		Bemerkungen
Vertreter/in der Industriegewerkschaft Metall: • Hat sie/er den Konflikt richtig geschildert? • Macht sie/er sinnvolle Lösungsvorschläge? • Argumentiert sie/er schlüssig? • Hat sie/er gesetzliche Regelungen richtig angeführt? • Hat sie/er die Gesprächsregeln eingehalten?	vollständig erfüllt ☐	nicht erfüllt ☐	
Vertreter/in des Arbeitgeberverbandes Metall: • Hat sie/er den Konflikt richtig geschildert? • Macht sie/er sinnvolle Lösungsvorschläge? • Argumentiert sie/er schlüssig? • Hat sie/er gesetzliche Regelungen richtig angeführt? • Hat sie/er die Gesprächsregeln eingehalten?	vollständig erfüllt ☐	nicht erfüllt ☐	
Unabhängige/r Schlichter/in: • Hat sie/er den Konflikt richtig geschildert? • Macht sie/er einen sinnvollen Kompromissvorschlag? • Argumentiert sie/er schlüssig? • Hat sie/er gesetzliche Regelungen richtig angeführt? • Hat sie/er die Gesprächsregeln eingehalten?	vollständig erfüllt ☐	nicht erfüllt ☐	

1. Ergänzen Sie das Schaubild über den Aufbau der **Arbeitsgerichte**.

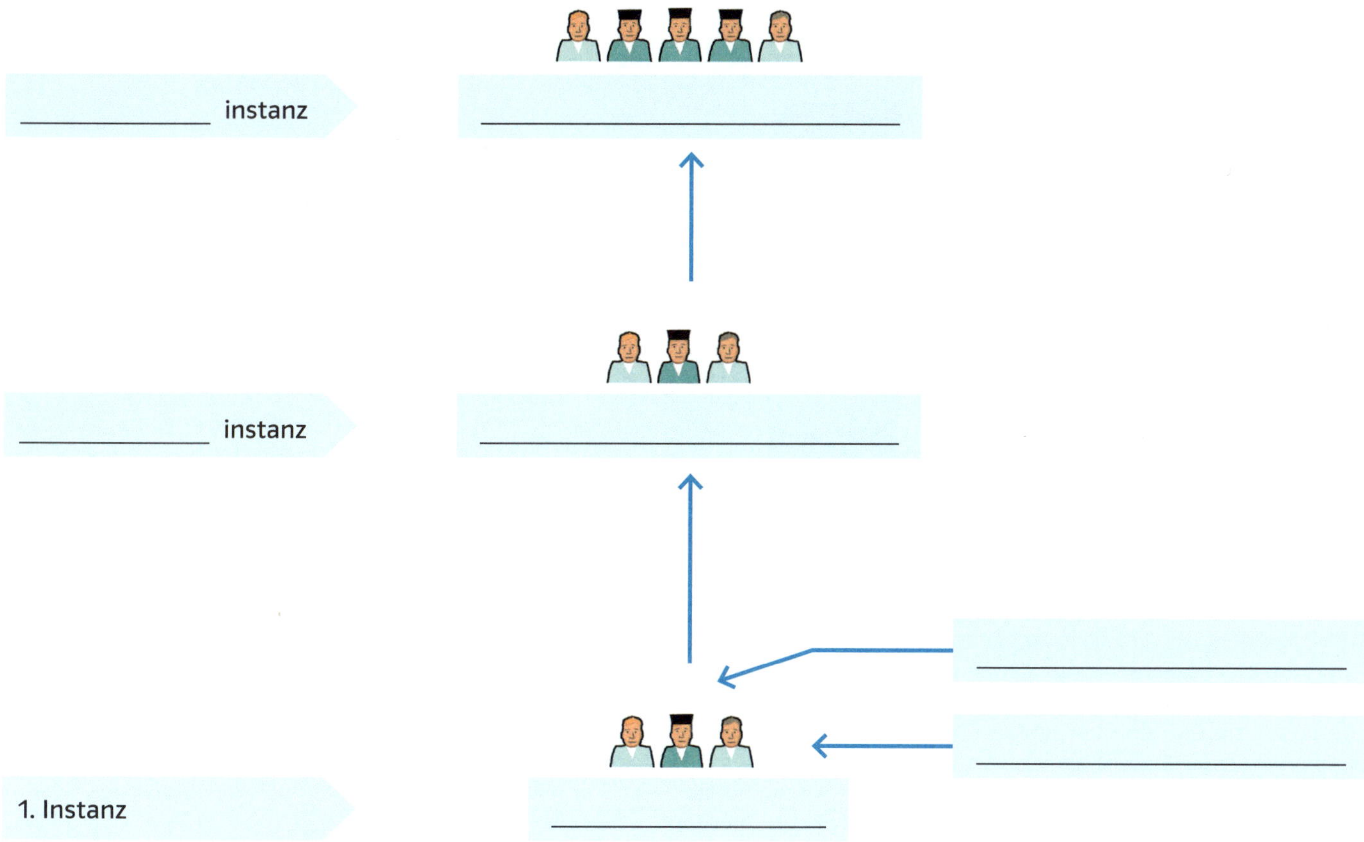

2. Ergänzen Sie fehlenden Textstellen über die Zuständigkeit der Arbeitsgerichte.

Arbeitsgerichte sind zuständig für Streitigkeiten

- zwischen __________ und __________ aus dem Arbeitsvertrag.
- zwischen den __________ __________ aus dem Tarifvertrag.
- zwischen dem __________ __________ und dem __________ aus dem Ausbildungsvertrag.
- zwischen dem __________ __________ und dem __________ aus dem Betriebsverfassungsrecht.

3. Weshalb sind die Arbeitsgerichte mit ehrenamtlichen Richtern besetzt?

____

____

____

4. Nach einer Klageeinreichung wird zunächst eine **Güteverhandlung** angesetzt. Erläutern Sie, weshalb.

____

____

____

64, 268

Datum:

Kündigung

Problemsituation:
Emma ist Auszubildende in Freddys Frisurenstudio. Obwohl sie im 2. Lehrjahr ist, wird sie in den letzten Wochen hauptsächlich mit Hilfsarbeiten beschäftigt. Kaum ist sie von der Post zurück, wo sie Pakete abliefern musste, wird sie erneut fortgeschickt. Jetzt soll sie für den Chef und die Kollegen in der nahegelegenen Pizzeria das Mittagessen holen. Emma, die immer ihr eigenes Vesper dabei hat, lehnt ab. Als ihr Chef sie nochmals auffordert, weigert sie sich erneut und schreit ihn an. Dieser kündigt ihr daraufhin fristlos.

Arbeitsauftrag:
Führen Sie zu dieser Konfliktsituation ein Rollenspiel durch, bilden Sie für jede Rollenkarte eine Gruppe und legen Sie Ihr Verhandlungsziel fest.

Rollenkarte für Emma

Situation aus der Sicht der Auszubildenden:
Meine Eltern haben sich bereits beschwert über ausbildungsfremde Arbeiten wie z. B. Essen holen, Schaufenster putzen, Schnee schippen usw. Ich bin jetzt im 2. Lehrjahr und habe noch nie Haare geschnitten, immer nur welche gewaschen. Die meisten Lehrlinge von meinem Chef sind durch die Gesellenprüfung gefallen, weil nicht richtig ausgebildet wird.
An diesem Tag sollte ich wieder alles Mögliche machen, nur nichts, was mit meinem Beruf zu tun hat. Da ist mir einfach der Kragen geplatzt.
Verhandlungsziel: Formulieren Sie eine Klageschrift und tragen Sie diese vor Gericht vor. Stützen Sie sich hierbei auf gesetzliche Grundlagen. Entwerfen Sie eine Strategie, die Sie vor Gericht verfolgen können. Stellen Sie fest, welche Forderungen Sie erheben sollten.

Rollenkarte für Emmas Chef

Situation aus der Sicht der Ausbildenden:
Eigentlich war ich mit Emma immer zufrieden. Nur ganz selten wurde sie zu ausbildungsfernen Arbeiten herangezogen. Das Holen des Mittagessens sollte sie nur deshalb übernehmen, weil unsere Hilfsarbeiterin krank war. Alle anderen Fachkräfte bedienten gerade Kunden und waren unabkömmlich. Als Chef kann ich es nicht zulassen, dass eine Angestellte mich vor Mitarbeitern anschreit und sich weigert, meine Anweisungen zu befolgen. Auf Kunden wirkt dieses Verhalten abschreckend, bei Mitarbeitern untergräbt es die Disziplin. Da ich ein derartiges Verhalten nicht durchgehen lassen kann, muss ich auf der Kündigung bestehen.
Verhandlungsziel: Formulieren Sie Argumente, wie Sie mit Ihrem Rechtsanwalt die Kündigung begründen können. Stützen Sie sich hierbei auf die rechtlichen Vorschriften.

Rollenkarte für Arbeitsrichter/in

Der Richter/die Richterin hat folgende Interessen:
- Durchführen der Verhandlung nach den Etappen des Arbeitsgerichtsverfahrens,
- eine gütliche Einigung zu erzielen,
- notfalls auch ein Urteil zu verkünden.

64, 268

Datum:

Beurteilungsbogen für das Rollenspiel

Verfolgen Sie das Rollenspiel aufmerksam.

Notieren Sie kurz:

Beobachtungskriterien	Beurteilung (Kreuzen Sie an)		Bemerkungen
Auszubildende Emma: • Hat sie den Konflikt richtig geschildert? • Macht sie sinnvolle Lösungsvorschläge? • Argumentiert sie schlüssig? • Hat sie gesetzliche Regelungen richtig angeführt? • Hat sie die Gesprächsregeln eingehalten?	voll-ständig erfüllt ☐	nicht erfüllt ☐	
Emmas Chef: • Hat er den Konflikt richtig geschildert? • Macht er sinnvolle Lösungsvorschläge? • Argumentiert er schlüssig? • Hat er gesetzliche Regelungen richtig angeführt? • Hat er die Gesprächsregeln eingehalten?	voll-ständig erfüllt ☐	nicht erfüllt ☐	
Arbeitsrichter/in: • Hat sie/er den Konflikt richtig erkannt? • Macht sie/er sinnvolle Lösungsvorschläge? • Argumentiert sie/er schlüssig? • Hat sie/er die gesetzlichen Grundlagen richtig angeführt? • Hat sie/er die Gesprächsregeln bei der Verhandlungsführung eingehalten?	voll-ständig erfüllt ☐	nicht erfüllt ☐	

1. **Durch seine Berufstätigkeit wird ein Arbeitnehmer automatisch von den einzelnen Zweigen der Sozialversicherung geschützt. Tragen Sie zu den einzelnen Symbolen die entsprechende Versicherung sowie das Jahr ihrer Entstehung ein.**

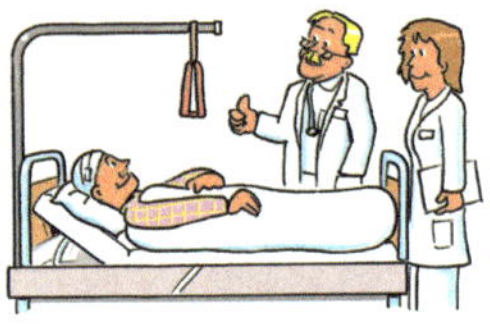

____	____	____	____	____
____	____	____	____	____
____	____	____	____	____

Sozialversicherung

- Um die Arbeitnehmer vor wirtschaftlicher Not zu schützen, ist die Mitgliedschaft in der Sozialversicherung ____________ für alle Arbeitnehmer.
- Ausnahmeregelungen gelten für ______________________________

____

2. **Vervollständigen Sie die Übersicht zur Sozialversicherung.**

Arten	____	____	____	**Arbeitslosen-versicherung**	____
Zweck	Schutz des Arbeitnehmers und seiner Familie bei Krankheit	Unfallverhütung sowie Schutz bei Arbeitsunfällen und Berufskrankheiten	soziale Sicherung im Alter und bei Erwerbsunfähigkeit	finanzielle Absicherung bei ____	soziale Sicherung bei Pflege-bedürftigkeit
Träger	____	____	Deutsche Renten-versicherung	____	____

Arten					
Beitragszahlung	• 50 % der Arbeitnehmer • 50 % der Arbeitgeber				
Beitragshöhe	• 14,6 % des Bruttoverdienstes • Krankenkassen können prozentuale Zusatzbeiträge festsetzen! (Stand 01.01.2024)				• 3,4 % des Bruttoverdienstes • kinderlose Arbeitnehmer zusätzlich 0,6 % (Stand 01.01.2024)
Leistungen			• Altersrente • Erwerbsminderungsrente • Hinterbliebenenrente • Rehabilitationsmaßnahmen		

3. **Geben Sie an, welche Versicherung bei den nachfolgenden Fällen jeweils zuständig ist.**

Fall	Versicherung
a) Hauterkrankung einer Friseurin, verursacht durch Chemikalien am Arbeitsplatz	
b) Krankengeld einer Angestellten	
c) Arbeitslosengeld eines Arbeiters	
d) ärztliche Behandlung und Krankenhausaufenthalt nach einem Skiunfall	
e) berufliche Fortbildung eines Facharbeiters	
f) Altersruhegeld für einen 68-Jährigen	
g) Hinterbliebenenrente für die Witwe eines Rentners	
h) Heimunterbringung eines pflegebedürftigen Rentners	
i) Heilbehandlung, Medikamente und Krankenhausaufenthalt nach einem Unfall am Arbeitsplatz	

* Ausnahme Sachsen: Arbeitnehmer 2,2 %; Arbeitgeber 1,2 %

4. Die Karikatur soll auf das Zukunftsproblem der Rentenversicherung hinweisen (siehe auch Schulbuch, S. 68 und 205).

Der deutsche Rentenzahler 2000

a) Erläutern Sie in diesem Zusammenhang, was man unter dem **Generationenvertrag** versteht.

____

____

____

____

____

b) Auf welches Problem wird in der Karikatur hingewiesen?

____

____

____

____

____

c) Nennen Sie mindestens drei Lösungsmöglichkeiten.

____

____

____

____

____

5. Die AOK Berghausen hat den bundeseinheitlichen Beitragssatz von 14,6 %. Zusammen mit einem Zusatzbeitrag von 1,8 % für Arbeitnehmer ergibt sich ein Arbeitnehmeranteil von 8,2 %. Wie hoch sind die Krankenversicherungsbeiträge, die den Arbeitnehmern jeweils vom Verdienst abgezogen werden?

Monatsverdienst 1 1 000 €	Monatsverdienst 2 3 000 €	Monatsverdienst 3 10 000 €
↓	↓	↓
Krankenversicherungsbeitrag	Krankenversicherungsbeitrag	Krankenversicherungsbeitrag
____________	____________	____________

Begründen Sie das Ergebnis bei Monatsverdienst 3 und erklären Sie, was man unter der **Beitragsbemessungsgrenze** versteht.

____

____

____

____

6. Erläutern Sie die Bedeutung der **Versicherungspflichtgrenze** in der Krankenversicherung.

____

____

7. Ergänzen Sie folgende Übersicht.

Ein Anspruch auf Leistungen der Unfallversicherung besteht bei

einem ____________	einem ____________	einer ____________

8. Wird ein Versicherter durch einen Arbeitsunfall getötet oder ist mehr als 3 Tage arbeitsunfähig, dann muss der Arbeitgeber dies durch eine ____________ melden. Er muss dazu den gelben Vordruck der ____________ verwenden. Tragen Sie in die Abbildung ein, wer die einzelnen Ausfertigungen erhält.

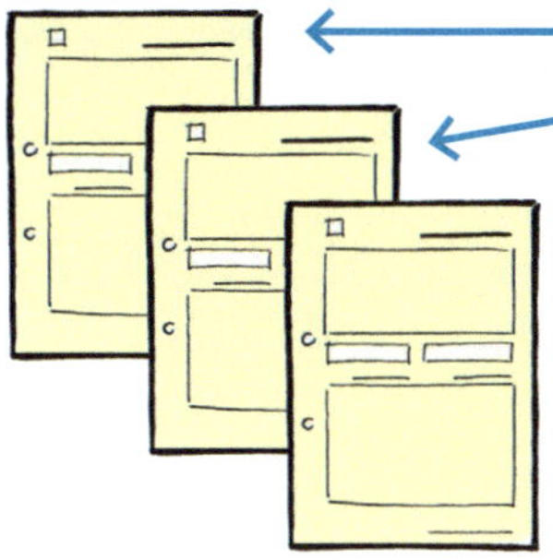

Zwei Ausfertigungen erhält die ____________

eine Ausfertigung erhält das ____________

9. Unterscheiden Sie **Arbeitslosengeld** und **Bürgergeld**.

Arbeitslosengeld ____

____

____

____

____

Bürgergeld ____

____

____

____

10. Womit muss ein Arbeitnehmer rechnen, der seine Arbeitslosigkeit selbst verschuldet hat, z. B. durch eigene Kündigung?

____

____

1. **Ergänzen Sie das Schaubild über den Aufbau der Sozialgerichte.**

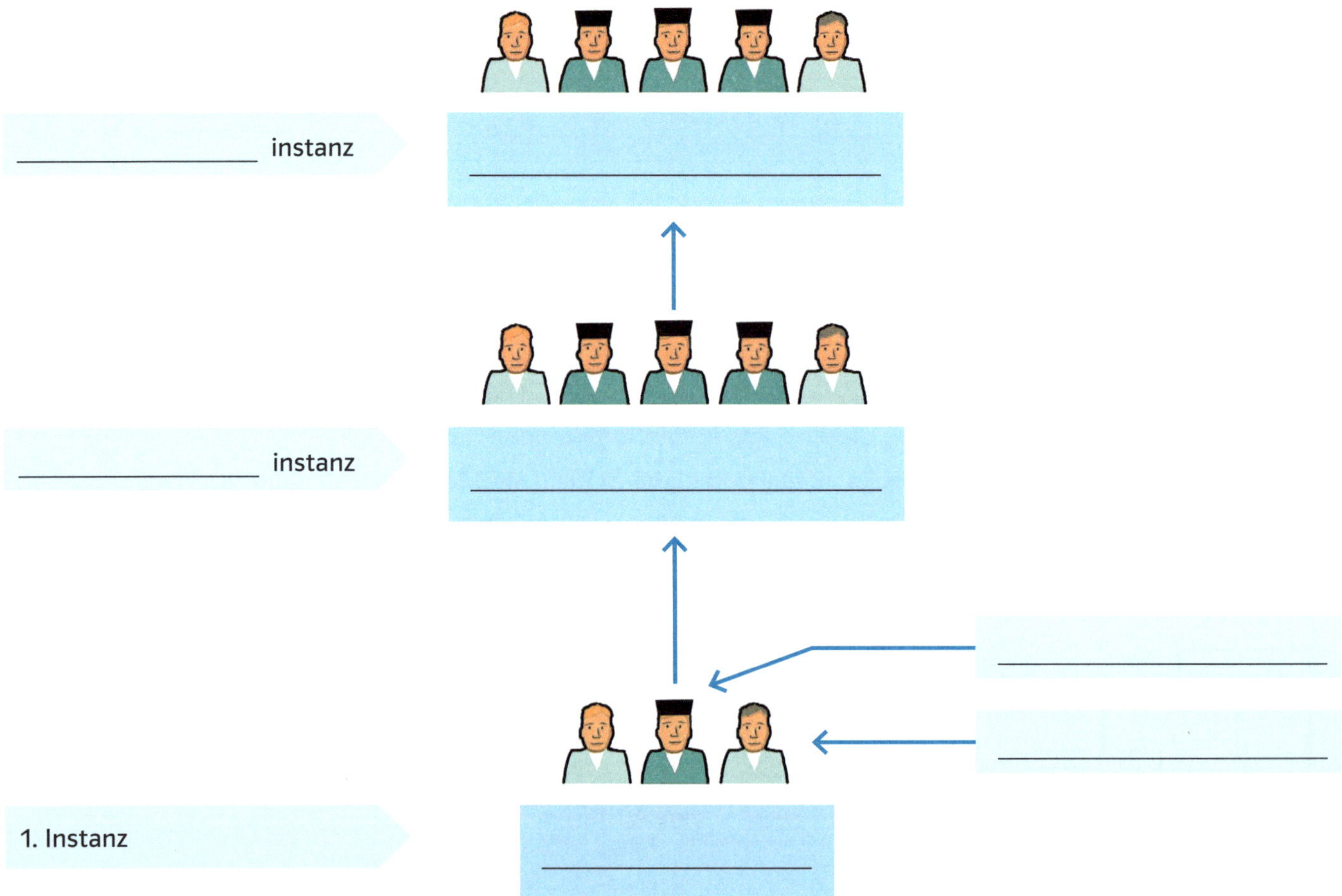

2. **Für welche Streitigkeiten sind die Sozialgerichte zuständig?**

____

____

____

____

3. **Ein Sozialversicherungsträger erteilt einen ablehnenden Bescheid. Wie wird der Betroffene zunächst reagieren, wenn er damit nicht einverstanden ist?**

____

____

____

____

4. **Wer trägt die Kosten einer Verhandlung vor dem Sozialgericht?**

____

Privatversicherungen (Individualversicherungen)

→ 75–76

Datum: ....

1. **Ergänzen Sie die wichtigsten Unterschiede zwischen Privatversicherungen und Sozialversicherungen.**

Privatversicherungen		Sozialversicherungen
______________________	← **Beitritt** →	______________________
______________________	← **Beitragshöhe** →	______________________
______________________	← **Beitragszahlung** →	______________________

2. **Setzen Sie folgende Begriffe in das Schaubild ein:** *Versicherungsnehmer, Versicherung, Antragsvordruck, Police.*

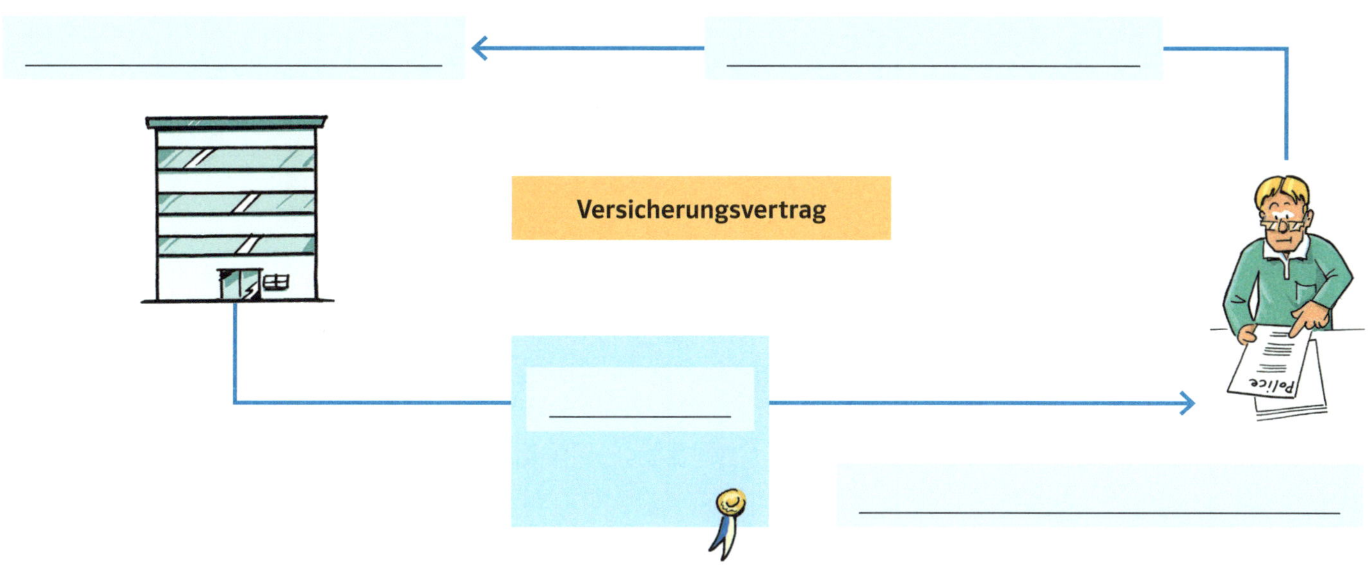

3. **Begründen Sie am Beispiel der gesetzlichen Rentenversicherung, dass private Zusatzversicherungen eine sinnvolle Ergänzung sein können.**

____

____

____

____

____

4. Ergänzen Sie die Übersicht über die Privatversicherungen (Individualversicherungen).

Privatversicherungen

____

Versichert wird eine **Person**.

-  ____________________ ____________________

  wenn Versicherungspflicht besteht oder als Zusatzversicherung
-  ____________________ ____________________

  für Unfälle, die keine Berufsunfälle sind
-  ____________________ ____________________

  fällig beim Tod des Versicherten oder beim Erreichen eines bestimmten Alters
-  ____________________ ____________________

  dient als zusätzliche Altersvorsorge.
-  ____________________ ____________________

  wenn der Beruf nicht mehr ausgeübt werden kann

____

Versichert sind **Sachen**.

- ____________________ ____________________
- ____________________ ____________________
- ____________________ ____________________
- ____________________ ____________________
-  ____________________ ____________________

  Kombination der obigen Versicherungen
-  ____________________ ____________________

____

schützen das **Vermögen** des Versicherten gegen Schadensersatzansprüche Dritter.

-  ____________________ ____________________
  - ____________________

    Bsp.: Kind wirft Scheibe ein.
  - ____________________

    Bsp.: Fleischer verursacht Fleischvergiftung bei Kunden.
  - ____________________

    Bsp.: Hund beißt Briefträger.
  - ____________________

    Bsp.: Missachten der Vorfahrt verursacht Unfall.
-  ____________________ ____________________

  dient zur Durchsetzung eigener und zur Abwehr fremder Ansprüche.

80–83

Datum: ....

1. **Ergänzen Sie die Übersicht.**

Grundlohn	←	z. B. ______________________
+ Zulagen (in €)	←	z. B. ______________________
+ Zuschläge (in %)	←	z. B. ______________________
+ sonstige finanzielle Leistungen	←	z. B. ______________________

= ______________________

\- ______________________

\- ______________________

\- ______________________

\- ______________________

\- ______________________

\- ______________________

\- ______________________

← ______________ Abzüge

= ______________________

2. **Die alleinstehende 25-jährige Lisa Müller wohnt und arbeitet in Köln. Sie hat einen Stundenlohn von 13,40 €. Im letzten Monat arbeitete sie 168 Stunden. Zusätzlich leistete sie 8 Überstunden, die mit 25 % Zuschlag vergütet werden. Außerdem erhielt sie eine Kassenzulage von 35,00 €.**

a) Wie hoch ist ihr **Bruttolohn?**

b) Berechnen Sie den **Nettolohn**, indem Sie folgende Abzüge berücksichtigen: Lohnsteuer 195,58* €, Kirchensteuer (8 % der Lohnsteuer), Krankenversicherungsbeitrag 14,6 % (die Krankenkasse erhebt einen Zusatzbeitrag von 1,8 %), Pflegeversicherungsbeitrag 3,4 % (kinderlose Arbeitnehmer zusätzlich 0,6 %), Arbeitslosenversicherungsbeitrag 2,6 %, Rentenversicherungsbeitrag 18,6 %.

Grundlohn ______________________

\+ ______________________

\+ ______________________

= ______________________

– ______________________

– ______________________

– ______________ (Arbeitnehmeranteil ______ %) ______________

– ______________ (Arbeitnehmeranteil ______ %) ______________

– ______________ (Arbeitnehmeranteil ______ %) ______________

– ______________ (Arbeitnehmeranteil ______ %) ______________

= ______________________

* Steuertabelle Stand April 2024

3. Wie hoch ist der **ausgezahlte Lohn**, wenn ihr noch 35 € für einen vermögenswirksamen Sparvertrag abgezogen werden?

Nettolohn ______________________ ________

– ______________________ ________

= ______________________ ________

4. Bruno Mayer (20 Jahre) arbeitet als Geselle in der Stuttgarter Fleischerei Baumann. Überprüfen Sie, ob Meister Baumann bei der Gehaltsabrechnung ein Fehler unterlaufen ist. Die Höhe der einzelnen Sozialversicherungsbeiträge sowie die Höhe von Lohnsteuer und Kirchensteuer können den nebenstehenden Tabellenauszügen entnommen werden.

Lohn-/Gehaltsabrechnung Firma (Stempel)

Name: Bruno Mayer

Zeitraum: August 2024 Nr.

Steuerpflichtiger Lohn/Gehalt			
Lohn/Gehalt	176 Std à 15,30		2 692,80
Weihnachts-/Urlaubsgeld			+
Überstunden ... à			+
Überstd.-/Akkord-Zuschläge			+
Sonderzahlung/Sachbezüge			+
Sonn-, Feiertags- und Nachtzuschläge aus Grundlohn			+
Fahrgeld-Erstattung			+
			+
			+
Vermögenswirksame Leistungen des Arbeitgebers			+ 25,00
Bemessungsgrundlage: Brutto-Verdienst	2 717,80		= 2 717,80
Lohnsteuer-Freibetrag	–		
Abzüge			
Lohnsteuer Kl. I/0 aus	2 717,80	= 565,66	
Solidaritätszuschlag		+ /	
Kirchensteuer: ev. 8 % kath.		+ 45,25	
Sozialversicherungsbeiträge Arbeitnehmer-Anteil: Krankenkasse		221,50	
Pflegeversicherung		+ 46,20	
Rentenversicherung		+ 252,76	
Arbeitslosenversicherung		+ 35,33	
~~Vorschuß/Abschlagszahlungen~~ Kost		+ 58,50	
Vermögenswirks. Leistg. an		+ 35,00	– 1 260,20
Steuerfr. Bez.			
Sonn-, Feiertags- und Nachtzuschläge		+	=
Auslagen-Erstattung/Fahrgeld		+	
Ersatzkassen-Erstatt./Zuschuß z. freiw. Krankenvers.		+	
Kindergeld		+	+
Errechnet 31.07.2024 Auszuzahlender Betrag			1456,80

Datum — Abrechnung anerkannt und Betrag richtig erhalten: Baumann

Zeichen — Datum/Unterschrift

Sozialversicherungsbeitragssätze (01.07.2024)

Versicherung	Beitragssatz	Arbeitnehmeranteil
Kranken	14,6 %	8,1 %*
Renten	18,6 %	9,3 %
Arbeitslosen	2,6 %	1,3 %
Pflege***	3,4 %	1,7 %**

* einschließlich 1,7 % Zusatzbeitrag von Bruno Mayers Krankenkasse

** Kinderlose Arbeitnehmer über 23 Jahren zahlen zusätzlich 0,6 %

*** Ausnahme: Sachsen

Auszug aus der Lohnsteuertabelle

Lohn/Gehalt bis €	Steuerklasse	Lohnsteuer	ohne Kinderfreibeträge: SolZ 5,5 %	Kirchensteuer 8 %	Kirchensteuer 9 %
2714,99	I	258,58	0,00	20,68	23,27
	II	165,75	0,00	13,26	14,91
	III	24,33	0,00	1,94	2,18
	IV	258,58	0,00	20,68	23,27
	V	564,83	0,00	45,18	50,83
	VI	603,33	0,00	48,26	54,29
2717,99	I	259,25	0,00	20,74	23,33
	II	166,33	0,00	13,30	14,96
	III	24,66	0,00	1,97	2,21
	IV	259,25	0,00	20,74	23,33
	V	565,66	0,00	45,25	50,90
	VI	604,33	0,00	48,34	54,38
2720,99	I	259,91	0,00	20,79	23,39
	II	167,00	0,00	13,36	15,03
	III	25,00	0,00	2,00	2,25
	IV	259,91	0,00	20,79	23,39
	V	566,66	0,00	45,33	50,99
	VI	605,16	0,00	48,41	54,46

Steuertabelle Stand April 2024

Bruttolohn ____________ ________

– Lohnsteuer ____________ ________

– Kirchensteuer ____________ ________

– Krankenversicherung (7,3 % + 0,85 %) ____________ ________

– Rentenversicherung (9,3 %) ____________ ________

– Arbeitslosenversicherung (1,3 %) ____________ ________

– Pflegeversicherung (1,7 %) ____________ ________

= **Nettolohn** ____________ ________

– Kost ____________ ________

– vermögenswirksames Sparen ____________ ________

= **Auszahlungsbetrag** ____________ ________

5. Ergänzen Sie die Zusammenfassung über die Lohnabzüge. Verwenden Sie hierzu folgende Begriffe: *ausbezahlter Lohn, Bruttolohn, Lohn- und Kirchensteuer, Sozialversicherungsbeiträge, sonstige Abzüge, Nettolohn, gesetzliche Abzüge, Solidaritätszuschlag, Auszahlungsbetrag.*

________ – ________ – ________ } ________

= ________ – ________ = ________

1. a) Erklären Sie, was man unter **Lohnzusatzkosten** versteht.

b) Welche Gefahren sehen Sie in steigenden Lohnzusatzkosten?

Nominallohn und Reallohn

2. Ergänzen Sie das Schaubild über Nominallohn und Reallohn.

__________ – __________ = __________

3. Unterscheiden Sie die Begriffe Nominallohn und Reallohn.

Der **Nominallohn** __________

Der **Reallohn** __________

4. Wie verändert sich bei den nachfolgenden Beispielen der Reallohn?

Beispiele	Veränderung des Reallohns
Die Preise steigen um 5 %, der Nominallohn steigt um 6 %.	Der Reallohn steigt um 1 %.
Die Preise steigen um 4,5 %, der Nominallohn steigt um 3,5 %.	Der Reallohn __________
Die Preise sinken um 0,5 %, der Nominallohn steigt um 2 %.	Der Reallohn __________
Die Preise bleiben unverändert, der Nominallohn steigt um 3 %.	Der Reallohn __________
Die Preise steigen um 6 %, der Nominallohn steigt um 4 %.	Der Reallohn __________
Die Preise steigen um 4 %, der Nominallohn bleibt unverändert.	Der Reallohn __________

Lohn-Preis-Spirale

5. Ergänzen Sie die Übersicht um folgende Begriffe:
Kaufkraft, größere, Kosten, höhere Löhne (2x), Preise, Nachfrage, gestiegene, Lohnforderungen (2x), Löhne, steigende Preise (2x), Lohn-Preis-Spirale, geringere, Preis-Lohn-Spirale

Die Gewerkschaften sind der Meinung, dass die steigenden ____________________ die Ursache sind für Lohnerhöhungen. Sie sprechen deshalb von der

____

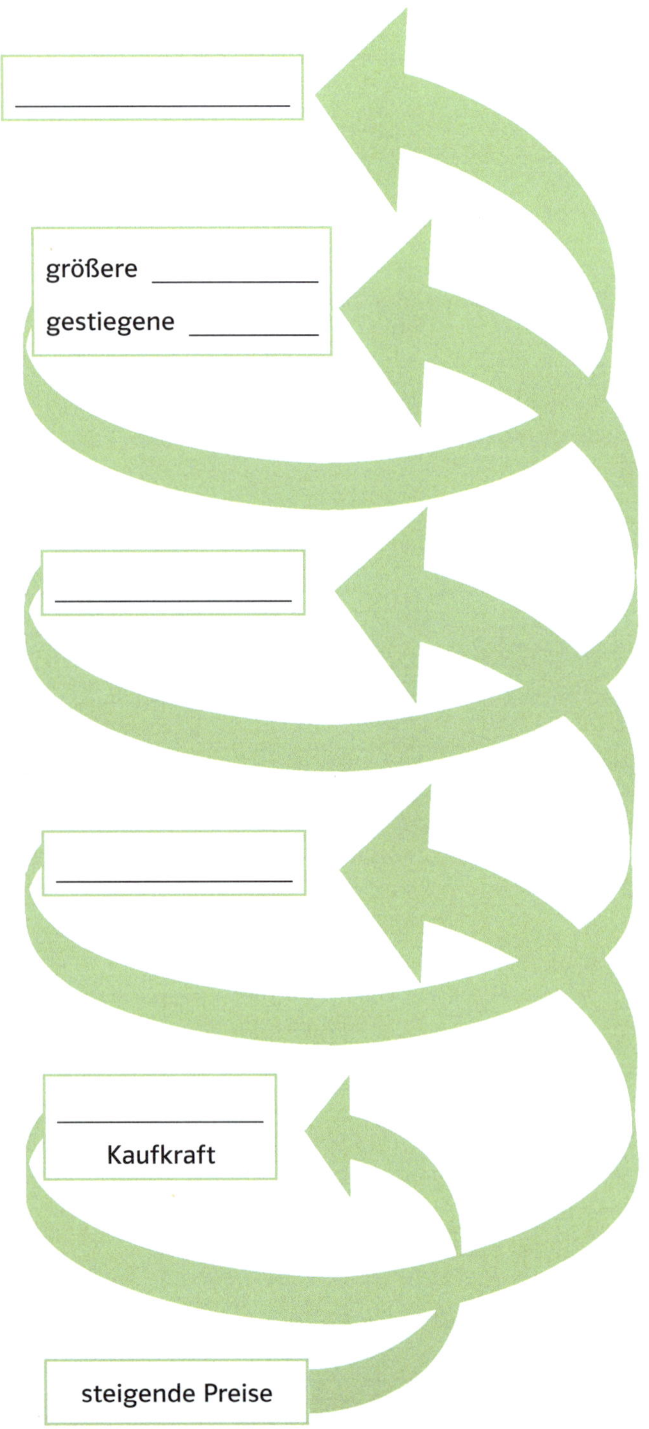

Die Arbeitgeber vertreten die Ansicht, dass hauptsächlich die höheren ____________________ die Ursache sind für Preiserhöhungen. Sie sprechen deshalb von der

____

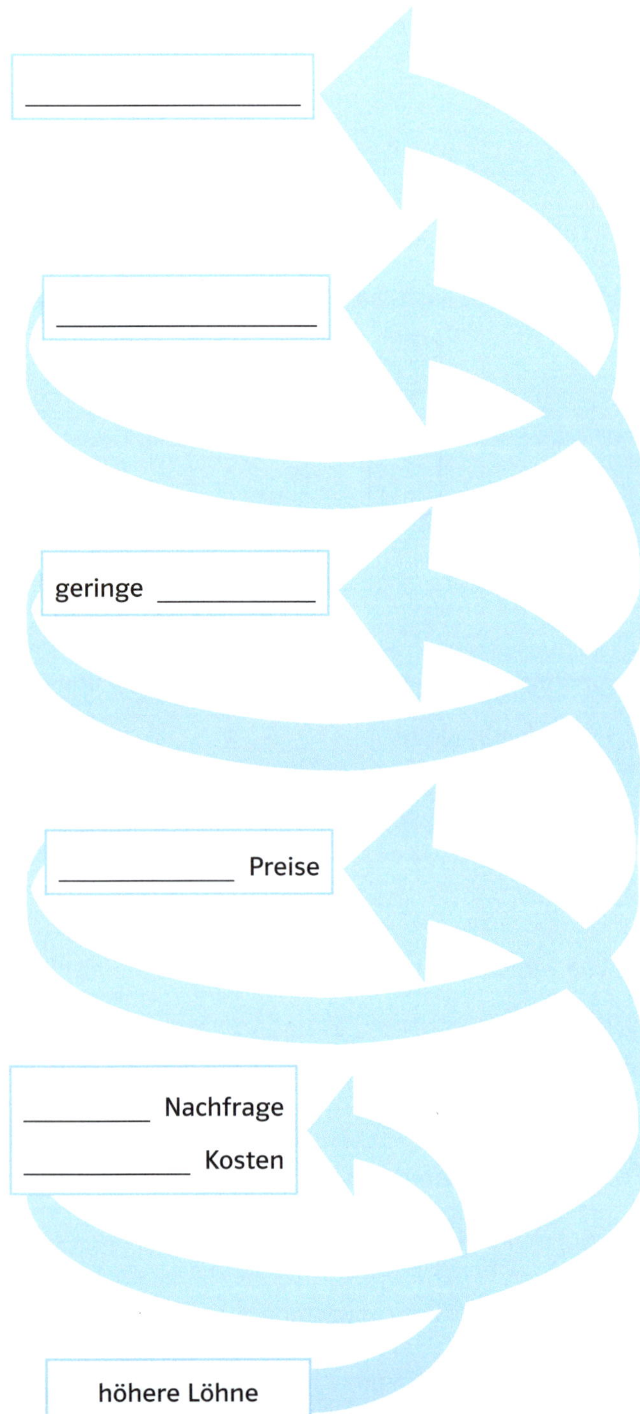

Stellenangebotsvergleich

Problemsituation:

Florian Matthes hat seine Berufsausbildung zum Konditor erfolgreich beendet. Obwohl ihn sein Ausbildungsbetrieb nach seiner guten Gesellenprüfung gerne übernehmen würde, will er zunächst Neues kennen lernen. In einer Fachzeitschrift sieht er zwei Stellenanzeigen von Hotels in Bayern. Da er im Winter gerne Ski fährt und es liebt, im Sommer die Berge zu Fuß und mit dem Bike zu erforschen, ist er begeistert. Er will dort arbeiten, wo andere Urlaub machen.

Erste Anfragen über die angebotenen Stellen haben folgende Konditionen ergeben:

Hotel Alte Mühle, Garmisch-Partenkirchen	**Hotel Post,** Oberammergau
- Der Bruttoverdienst beträgt 2 650,00 € pro Monat. - Verpflegung und Unterbringung berechnet das Hotel mit 370,00 € pro Monat. - Von den vermögenswirksamen Leistungen übernimmt das Hotel 30,00 € pro Monat. - Florian will vermögenswirksam sparen.	- Der Bruttoverdienst beträgt 14,50 € pro Stunde bei ca. 168 Stunden im Monat. - Verpflegung und Unterbringung im Hotel wird nicht berechnet.* - Von den vermögenswirksamen Leistungen übernimmt das Hotel 20,00 € pro Monat. - Florian will vermögenswirksam sparen.

* Die Verpflegung und Unterbringung im Hotel ist ein so genannter Sachbezug und als solcher steuer- und sozialversicherungspflichtig. Die Folge: Der hier unterstellte Wert von 370,00 € erhöht entsprechend den Bruttolohn. Anschließend wird der Betrag vom Nettolohn abgezogen.

Monat (Euro)

Lohn/Gehalt bis €	Steuerklasse	Lohnsteuer	ohne Kinderfreibetrag SolZ 5,5 %	ohne Kinderfreibetrag Kirchensteuer 8 %	ohne Kinderfreibetrag Kirchensteuer 9 %	0,5 Kinderfreibetrag SolZ 5,5 %	0,5 Kinderfreibetrag Kirchensteuer 8 %	0,5 Kinderfreibetrag Kirchensteuer 9 %	1,0 Kinderfreibetrag SolZ 5,5 %	1,0 Kinderfreibetrag Kirchensteuer 8 %	1,0 Kinderfreibetrag Kirchensteuer 9 %
2 825,99	I	**283,00**	0,00	22,64	25,47	0,00	14,42	16,22	0,00	6,72	7,56
	II	**188,75**	0,00	15,10	16,98	0,00	7,36	8,28	0,00	1,07	1,20
	III	**39,00**	0,00	3,12	3,51	0,00	0,00	0,00	0,00	0,00	0,00
	IV	**283,00**	0,00	22,62	25,47	0,00	18,46	20,77	0,00	14,42	16,22
	V	**597,66**	0,00	47,81	53,78						
	VI	**637,00**	0,00	50,96	57,33						
2 828,99	I	**283,66**	0,00	22,64	25,52	0,00	14,47	16,28	0,00	6,77	7,61
	II	**189,41**	0,00	15,15	17,04	0,00	7,40	8,33	0,00	1,10	1,23
	III	**39,33**	0,00	3,14	3,53	0,00	0,00	0,00	0,00	0,00	0,00
	IV	**283,66**	0,00	22,69	25,52	0,00	18,52	20,83	0,00	14,47	16,28
	V	**598,50**	0,00	47,88	53,86						
	VI	**638,00**	0,00	51,04	57,42						

Steuertabelle Stand April 2024

Arbeitsauftrag:

1. Wer zahlt insgesamt den höchsten Bruttoverdienst?
2. Ermitteln Sie mit einem Gehaltsrechner aus dem Internet den Nettoverdienst für die Stelle mit dem höchsten Bruttoverdienst. Florian ist 20 Jahre alt und evangelisch, seine Krankenkasse verlangt 1,7 % Zusatzbeitrag.
   Alternativer Lösungsweg:
   Ermitteln Sie den Nettoverdienst anhand der abgebildeten Tabellenauszüge.
3. Welchen Bruttoverdienst muss Florian verlangen, wenn er mindestens 2 000,00 € netto erhalten möchte? Verwenden Sie einen Gehaltsrechner im Internet.
4. In der gleichen Fachzeitschrift hat Florian auch die Anzeige eines Hotels aus Tirol in Österreich gesehen. Das Hotel bietet monatlich 2 870,00 € brutto und verlangt 345,00 € für Unterbringung und Verpflegung. Suchen Sie im Internet einen Gehaltsrechner für Österreich und ermitteln Sie den Nettoverdienst.
5. Florian hat gehört, das Leben in Österreich sei teuer. Um zu erfahren, wo man von seinem Nettoeinkommen besser lebt, hat er sich im Internet einen Kaufkraftvergleich heruntergeladen.
   Stellen Sie fest, wo er mehr von seinem Nettoverdienst hat: in Deutschland oder in Österreich.

Suchhilfen:

Geben Sie in einer Suchmaschine Stichworte ein wie **Gehaltsrechner, Nettolohnrechner, brutto-netto, Netto-Bruttorechner, Deutschland, Österreich**.

Sozialversicherungsbeitragssätze	2024
Krankenversicherung	14,6 %*
Rentenversicherung	18,6 %
Arbeitslosenversicherung	2,6 %
Pflegeversicherung	3,4 %**

* Krankenkassen können Zusatzbeiträge verlangen (derzeit im Durchschnitt 1,7 %).
** Kinderlose Arbeitnehmer über 23 Jahre zahlen zusätzlich zu ihrem Anteil 0,6 %.

Wie viel ist der Euro wert?

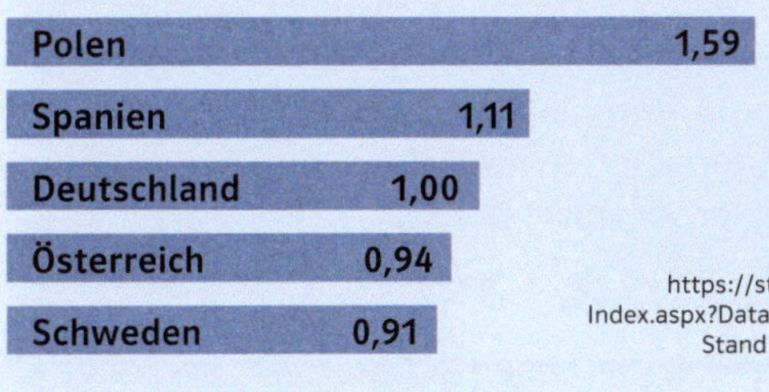

Quelle: https://stats.oecd.org/Index.aspx?DataSetCode=CPL, Stand Oktober 2023

1. **Wer zahlt insgesamt den höchsten Bruttoverdienst?**

	Hotel Alte Mühle	Hotel Post
Bruttoverdienst	______	______
Vermögenswirksame Leistungen	______	______
Unterbringung und Verpflegung	______	______
Bruttoverdienst insgesamt	______	______

Das Hotel ______________________ ______________________ zahlt den höchsten Bruttoverdienst.

2. **Ermitteln Sie mit einem Gehaltsrechner aus dem Internet den Nettoverdienst für die Stelle mit dem höchsten Bruttoverdienst. Florian ist 20 Jahre alt und evangelisch, seine Krankenkasse verlangt 1,0 % Zusatzbeitrag. Alternativer Lösungsweg: Ermitteln Sie den Nettoverdienst anhand der abgebildeten Tabellenauszüge.**

Bruttoverdienst	______
– Krankenversicherung	______
– Rentenversicherung	______
– Arbeitslosenversicherung	______
– Pflegeversicherung	______
– Lohnsteuer	______
– Kirchensteuer	______
= **Nettoverdienst**	______
– Unterbringung und Verpflegung	______
= **ausbezahlter Lohn**	______

3. **Welchen Bruttoverdienst muss Florian verlangen, wenn er mindestens 1850,00 € netto erhalten möchte? Verwenden Sie einen Gehaltsrechner im Internet.**

Florian muss ein Bruttogehalt von mindestens ______________ € verlangen.

4. **In einer gleichen Fachzeitschrift hat Florian auch die Anzeige eines Hotels aus Tirol in Österreich gesehen. Das Hotel bietet monatlich 2 655,00 € brutto und verlangt 320,00 € für Unterbringung und Verpflegung. Suchen Sie im Internet einen Gehaltsrechner für Österreich und ermitteln Sie den Nettoverdienst.**

Bruttoverdienst	______
– Sozialversicherung	______
– Lohnsteuer	______
= **Nettoverdienst**	______

5. **Florian hat gehört, das Leben in Österreich sei teuer. Um zu erfahren, wo man von seinem Nettoeinkommen besser lebt, hat er sich im Internet einen Kaufkraftvergleich heruntergeladen (siehe S. 49). Stellen Sie fest, wo er mehr von seinem Nettoverdienst hat: in Deutschland oder in Österreich.**

Deutschland: ______________________ entsprechen ______________________

Österreich: ______________________ entsprechen ______________________

Ergebnis: ____

____

1. Jeder, der Einnahmen aus den folgenden sieben **Einkunftsarten** bezieht, ist **einkommensteuerpflichtig.**

Einkünfte aus	Beispiele
1. Land- und Forstwirtschaft	
2. Gewerbebetrieb	
3. selbstständiger Arbeit	
4. nichtselbstständiger Arbeit	
5. Kapitalvermögen	
6. Vermietung und Verpachtung	
7. sonstige Einkünfte	

Ordnen Sie die folgenden Einkünfte der entsprechenden obenstehenden Einkunftsart zu:
Mieter überweist fällige Miete, Ausbildungsvergütung, Einkünfte eines selbstständigen Fleischers, Zinsen, Steuerberater schreibt Rechnung, Frau Berger erhält Altersrente, Gärtner verkauft Gemüse

2. Eine besondere Form der Einkommensteuer ist die **Lohnsteuer**. Sie ist die wichtigste Einnahmequelle des Staates. Wie wird die Lohnsteuer erhoben?

3. Wie wird die **Einkommensteuer** entrichtet?

4. a) Unter Angabe von Steueridentifikationsnummer und Geburtsdatum seiner Arbeitnehmer kann der Arbeitgeber bei der Steuerverwaltung deren Besteuerungsmerkmale abrufen. Nennen Sie diese.

b) Am Jahresende sowie beim Ausscheiden aus dem Betrieb stellt der Arbeitgeber eine Lohnsteuerbescheinigung aus. Welche Angaben enthält diese?

89–95

Datum: ....

5. **Die Grundlage für die Besteuerung sind die Steuerklassen. Man unterscheidet die Steuerklassen I bis VI. Durch die Einteilung sollen persönliche Verhältnisse wie Familienstand, Kinderzahl usw. berücksichtigt werden. In den einzelnen Steuerklassen ist die Steuer deshalb unterschiedlich hoch. Tragen Sie bei den folgenden Beispielen die entsprechende Steuerklasse ein.**

Beispiel	Steuerklasse
Herr Müller ist verheiratet, seine Frau ist nicht berufstätig.	______
Frau Baumann ist alleinstehend.	______
Frau Gruber ist ledig und hat eine 6-jährige Tochter, mit der sie allein lebt.	______
Manuela und Martin sind frisch verheiratet. Manuela verdient 2 400 €, Martin 2 200 €.	______
Herr Bauer verdient 2 000 €, seine Frau arbeitet halbtags und bekommt 800 €.	______

6. **Der Steuersatz steigt mit zunehmendem Einkommen. Tragen Sie in das Schaubild die Zonen des Einkommensteuertarifs ein und geben Sie den zugehörigen Steuersatz an.**

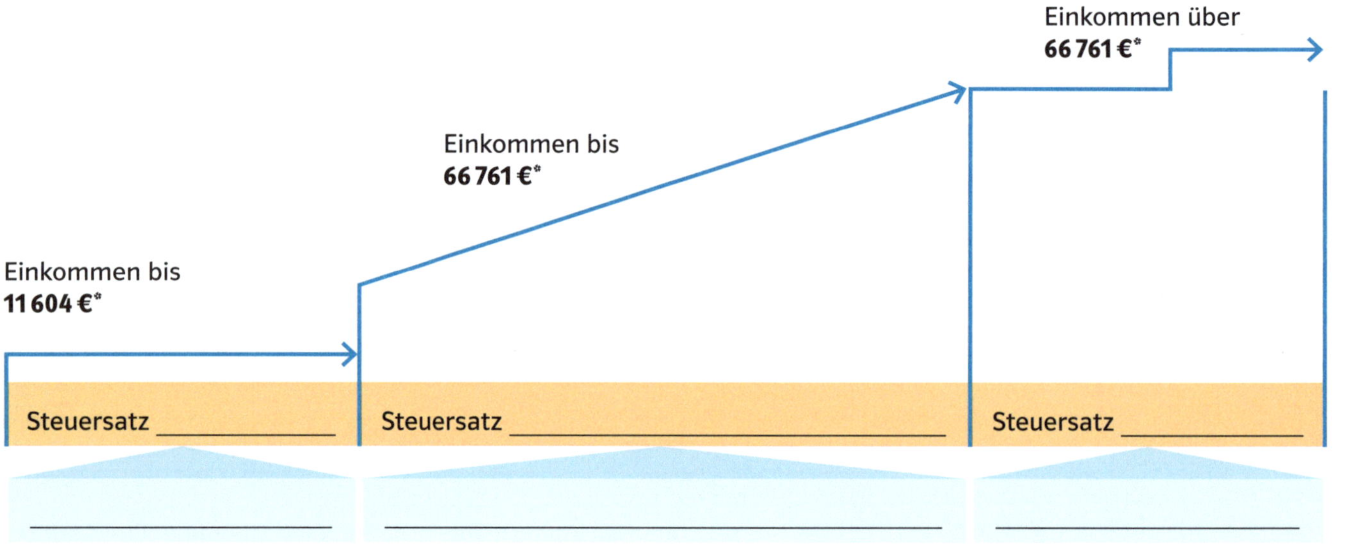

* Die genannten Beträge gelten für Ledige. Für zusammen veranlagte Ehegatten gelten die doppelten Beträge (Stand 2024).

7. **Anhand der elektronischen Lohnsteuerkarte ermittelt der Arbeitgeber, wie viel Lohnsteuer er einbehalten muss. In diese Steuertabelle sind bereits verschiedene steuerfreie Beträge eingearbeitet, wie z. B. der Arbeitnehmerpauschbetrag (er enthält die Werbungskosten), die Vorsorgepauschale oder der Sonderausgabenpauschbetrag. Erläutern Sie in diesem Zusammenhang, was man unter Werbungskosten versteht.**

Grundzüge der Einkommensteuererklärung

Uwe Schmitt hatte im vergangenen Jahr ein zu versteuerndes Jahreseinkommen von rund 30 000,00 €. Anhand seiner Unterlagen stellt er fest, dass er im abgelaufenen Jahr folgende Ausgaben hatte:

- Berufskleidung 165,20 €
- Fachbücher 62,60 €
- Spende an die Welthungerhilfe 400,00 €
- Gewerkschaftsbeiträge 350,00 €
- Kosten für ein Fortbildungsseminar 280,00 €
- Fahrten zum Arbeitsplatz an 222 Tagen (Entfernung 17 km, Entfernungspauschale: 0,30 €)

8. Ermitteln Sie anhand der nachfolgenden Aufstellung Uwes anrechenbare **Werbungskosten** und **Sonderausgaben.**

Ermittlung der anrechenbaren Werbungskosten

Fahrtkosten: 17 km × 222 Tage × ______ € = ______

\+ ______

\+ ______

\+ ______

\+ ______

= entstandene Werbungskosten ______

– Arbeitnehmerpauschbetrag ______

= **anrechenbare Werbungskosten** ______

Ermittlung der anrechenbaren Sonderausgaben

bezahlte Kirchensteuer
(laut Lohnsteuerbescheinigung) 289,80 €

\+ ______

= entstandene Sonderausgaben ______

– Sonderausgabenpauschbetrag ______

= **anrechenbare Sonderausgaben** ______

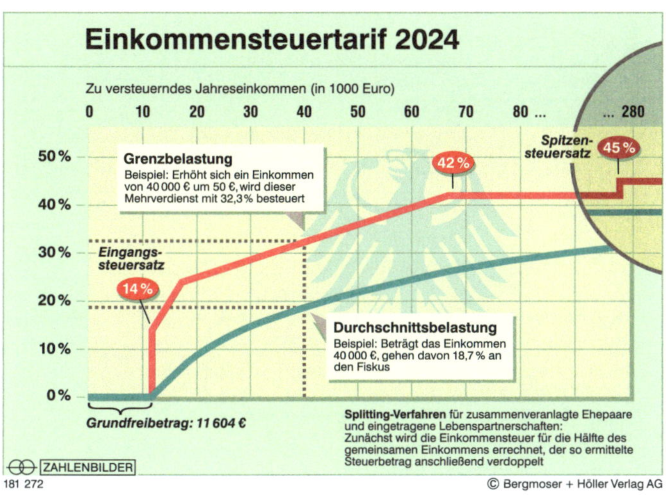

9. In einer Illustrierten hat Uwe die nebenstehende Abbildung entdeckt. Berechnen Sie anhand des Schaubildes, wie viel Euro Uwe vom Finanzamt durch seine Steuererklärung zurückerhält.

______

\+ ______

______

→ ______

______

10. Neben höheren Sonderausgaben und höheren Werbungskosten gibt es noch andere Gründe, bei denen es sich lohnt, eine „freiwillige Einkommensteuererklärung" durchzuführen. Nennen Sie mindestens drei solcher Gründe.

______

______

______

______

______

Einkommensteuererklärung erstellen

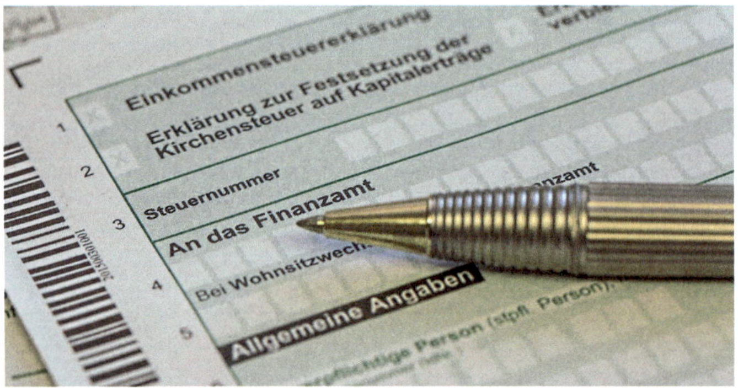

Problemsituation:

Timo Pfeiffer, wohnhaft in Baden-Württemberg, 78713 Schramberg, Tannenweg 85, hat von seinem Freund Sven erfahren, dass es viel einfacher sei, wenn man seine Steuererklärung am PC erstellt. Deshalb will er seine Steuererklärung ebenfalls mit dem PC erledigen. Timo Pfeiffer, geboren am 01.01.2002, ist ledig, kinderlos und evangelisch. Er hat Steuerklasse I und arbeitet als Kfz-Mechatroniker in 12345 Musterstadt, Musterstr. 1. Sein Finanzamt befindet sich in Rottweil.

Unterlagen für die Steuererklärung 2023:

Bruttojahresverdienst	35 000,00 €
Spende für Aktion Deutschland hilft	150,00 €
Fachbücher (Kfz-Mechatronik Bd. 1 – 3)	96,00 €
Fahrtkosten je 22 km an 220 Tagen	?
Eigenanteil Fortbildung	580,00 €
Berufsunfähigkeitsversicherung	540,00 €
Unfallkosten (auf dem Weg zur Arbeitsstelle, nicht durch Versicherung abgedeckt)	985,00 €
Bewerbungskosten	170,00 €
Berufskleidung	160,00 €
Reinigung der Berufskleidung (4 kg/100 Tage/0,76 € pro kg Buntwäsche)	?
Gewerkschaftsbeitrag	350,00 €

Weitere Angaben können der nebenstehenden Lohnsteuerbescheinigung entnommen werden.

Arbeitsauftrag:

1. Nutzen Sie für das Fallbeispiel ein Programm zur digitalen Bearbeitung von Steuererklärungen. Informationen hierzu finden Sie über die Eingabe des **Online-Codes p9wn5b auf www.klett.de**.
2. Geben Sie die oben genannten Daten wie das Bundesland und das zuständige Finanzamt in das Programm ein.
   → **Verwenden Sie zu Ihrer eigenen Sicherheit im Unterricht keinesfalls Ihre eigenen Daten!**
3. Entscheiden Sie, welche Ausgaben Werbungskosten und welche Sonderausgaben sind. Geben Sie anschließend die Beträge in das Programm ein, um zu berechnen, welche Steuerrückerstattung Timo voraussichtlich erhält. Sind ganze Beträge einzutragen, darf aufgerundet werden.
4. Timo möchte die Erklärung nicht online versenden. Er will die Angaben in die amtlichen Formulare eintragen und seine Steuererklärung persönlich abgeben.
   Besorgen Sie sich beim örtlichen Finanzamt oder bei der Gemeindeverwaltung die entsprechenden Formulare.

Auszug aus Timo Pfeiffers Lohnsteuerbescheinigung 2023

1.	Bescheinigungszeitraum		vom-bis 01.01.-31.12.	
2.	Zeiträume ohne Anspruch auf Arbeitslohn		Anzahl „U“	
	Großbuchstaben (E, S, M, F, FR)			
			EUR	Ct
3.	Bruttoarbeitslohn einschl. Sachbezüge ohne 9. und 10.		35.000	00
4.	Einbehaltene Lohnsteuer von 3.		3.879	00
5.	Einbehaltener Solidaritätszuschlag von 3.			
6.	Einbehaltene Kirchensteuer des Arbeitnehmers von 3.		310	32
7.	Einbehaltene Kirchensteuer des Ehegatten/Lebenspartners von 3. (nur bei Konfessionsverschiedenheit)			
8.	In 3. enthaltene Versorgungsbezüge			
9.	Ermäßigt besteuerte Versorgungsbezüge für mehrere Kalenderjahre			
10.	Ermäßigt besteuerter Arbeitslohn für mehrere Kalenderjahre (ohne 9.) und ermäßigt besteuerte Entschädigungen			
11.	Einbehaltene Lohnsteuer von 9. und 10.			
12.	Einbehaltener Solidaritätszuschlag von 9. und 10.			
13.	Einbehaltene Kirchensteuer des Arbeitnehmers von 9. und 10.			
14.	Einbehaltene Kirchensteuer des Ehegatten/Lebenspartners von 9. und 10. (nur bei Konfessionsverschiedenheit)			
15.	(Saison-)Kurzarbeitergeld, Zuschuss zum Mutterschaftsgeld, Verdienstausfallentschädigung (Infektionsschutzgesetz), Aufstockungsbetrag und Altersteilzeitzuschlag			
16.	Steuerfreier Arbeitslohn nach	a) Doppelbesteuerungsabkommen (DBA)		
		b) Auslandstätigkeitserlass		
17.	Steuerfreie Arbeitgeberleistungen für Fahrten zwischen Wohnung und erster Tätigkeitsstätte			
18.	Pauschal besteuerte Arbeitgeberleistungen für Fahrten zwischen Wohnung und erster Tätigkeitsstätte			
19.	Steuerpflichtige Entschädigungen und Arbeitslohn für mehrere Kalenderjahre, die nicht ermäßigt besteuert wurden – in 3. enthalten			
20.	Steuerfreie Verpflegungszuschüsse bei Auswärtstätigkeit			
21.	Steuerfreie Arbeitgeberleistungen bei doppelter Haushaltsführung			
22.	Arbeitgeberanteil/-zuschuss	a) zur gesetzlichen Rentenversicherung	3.255	00
		b) an berufsständische Versorgungseinrichtungen		
23.	Arbeitnehmeranteil	a) zur gesetzlichen Rentenversicherung	3.255	00
		b) an berufsständische Versorgungseinrichtungen		
24.	Steuerfreie Arbeitgeberzuschüsse	a) zur gesetzlichen Krankenversicherung		
		b) zur privaten Krankenversicherung		
		c) zur gesetzlichen Pflegeversicherung		
25.	Arbeitnehmerbeiträge zur gesetzlichen Krankenversicherung		2.835	00
26.	Arbeitnehmerbeiträge zur sozialen Pflegeversicherung		564	38
27.	Arbeitnehmerbeiträge zur Arbeitslosenversicherung		455	00
28.	Beiträge zur privaten Kranken- und Pflege-Pflichtversicherung oder Mindestvorsorgepauschale			
29.	Bemessungsgrundlage für den Versorgungsfreibetrag zu 8.			

Unter www.formulare-bfinv.de finden Sie diese auch zum Ausfüllen. Folgende Formulare werden für 2023 benötigt:

- Hauptvordruck
- Anlage N
- Anlage Vorsorgeaufwand
- Anlage Sonderausgaben

Bearbeitungshinweis:

Sie können die Steuererklärung auch mit zahlreichen anderen gekauften Programmen erstellen.

1.–4. Berechnen Sie, welche Steuerrückerstattung Timo voraussichtlich erhält.

Die mit dem Programm ermittelte Steuerrückzahlung beträgt ______________________________

5. Tragen Sie in den Auszügen eines Einkommensteuerformulars die Angaben aus dem Fallbeispiel ein.

2023

Hauptvordruck ESt 1 A

— Eingangsstempel —

Auszug aus dem Hauptvordruck

2023003301201

1 Einkommensteuererklärung | Festsetzung der Arbeitnehmer-Sparzulage

2 Erklärung zur Festsetzung der Kirchensteuer auf Kapitalerträge | Erklärung zur Feststellung des verbleibenden Verlustvortrags

3 Festsetzung der Mobilitätsprämie

4 Steuernummer

An das Finanzamt

Daten für die mit ⓔ gekennzeichneten Zeilen liegen im Regelfall vor und müssen nicht eingetragen werden. – Bitte Anleitung beachten. –

5

Bei Wohnsitzwechsel: bisheriges Finanzamt

6

Allgemeine Angaben

7 Telefonische Rückfragen tagsüber unter Nummer

Steuerpflichtige Person

Nur bei Zusammenveranlagung: **Ehemann** oder **Person A** (Ehepartner/-in A / Lebenspartner/-in A nach dem LPartG) – Bitte Anleitung beachten.

8 Identifikationsnummer | Geburtsdatum | im Sterbefall: Sterbedatum

9 Name

10 Vorname

11 Titel, akademischer Grad

12 Ausgeübter Beruf

13 Straße (derzeitige Adresse)

Religionsschlüssel:
Evangelisch = EV
Römisch-Katholisch = RK

nicht kirchensteuerpflichtig = VD
Weitere siehe Anleitung

Religion

2023

Anlage Sonderausgaben

1 Name

2 Vorname

3 Steuernummer

Diese Anlage … veranlagung v… partnern geme…

Auszug aus der Anlage Sonderausgaben

Angaben zu Sonderausgaben

– Ohne Versicherungsaufwendungen und Altersvorsorgebeiträge –

Kirchensteuer 52

		2023 gezahlt EUR		2023 erstattet EUR
4 soweit diese nicht als Zuschlag zur Abgeltungsteuer einbehalten oder gezahlt wurde	103	,—	104	,—

Zuwendungen (Spenden und Mitgliedsbeiträge)

Spenden und Mitgliedsbeiträge (ohne Spenden in das zu erhaltende Vermögen einer Stiftung)

		laut Bestätigungen EUR		laut Betriebsfinanzamt EUR
5 – zur Förderung steuerbegünstigter Zwecke an Empfänger im Inland	123	,—	124	,—

2023

Anlage N

Jeder Ehegat… Einkünften a… Arbeit hat ein… abzugeben.

Auszug aus der Anlage N

1 Name

2 Vorname

3 **Steuernummer**

Daten für die mit ⓔ gekennzeichneten Zeilen liegen im Regelfall vor und müssen nicht eingetragen werden. – Bitte Anleitung beachten. –

☐ Steuerpflichtige Person / Ehemann / Person A

☐ Ehefrau / Person B

Einkünfte aus nichtselbständiger Arbeit

Angaben zum Arbeitslohn

47 / 48

Zeile			Summe Lohnsteuerbescheinigung(en) Steuerklasse 1-5 (EUR, Ct)		Summe Lohnsteuerbescheinigung(en) Steuerklasse 6 oder einer Urlaubskasse (EUR, Ct)	
4	Steuerklasse	168				ⓔ
5	Bruttoarbeitslohn	110	,–	111	,–	ⓔ
6	Lohnsteuer	140		141		ⓔ
7	Solidaritätszuschlag	150		151		ⓔ
8	Kirchensteuer des Arbeitnehmers	142		143		ⓔ

Werbungskosten

87 / 88

– ohne Beträge laut den Zeilen 81 bis 84 –

Hinweis:
Mehraufwendungen für eine doppelte Haushaltsführung erklären Sie bitte in der Anlage N-Doppelte Haushaltsführung.

Auszug aus der Anlage N

Entfernungspauschale

Wege zwischen Wohnung und erster Tätigkeitsstätte / Sammelpunkt / weiträumigem Tätigkeitsgebiet (1. Angabe)

30 ☐ 1 = erste Tätigkeitsstätte, 2 = Sammelpunkt / weiträumiges Tätigkeitsgebiet | PLZ, Ort und Straße | vom | bis

31 Arbeitstage je Woche ☐ | Urlaubs-, Krankheits-, Heimarbeits- und Dienstreisetage ☐ | Behinderungsgrad mindestens 70 oder mindestens 50 und Merkzeichen „G“ 115 ☐ 1 = Ja

Zeile		Kz		
32	aufgesucht an Tagen	110		
33	einfache Entfernung in Kilometern (auf volle Kilometer abgerundet)	111		km
34	davon mit eigenem oder zur Nutzung überlassenem PKW zurückgelegt	112		km
35	davon mit Sammelbeförderung des Arbeitgebers zurückgelegt	113		km
36	davon mit öffentlichen Verkehrsmitteln, Motorrad, Fahrrad oder Ähnlichem, als Fußgänger und / oder als Mitfahrer einer Fahrgemeinschaft zurückgelegt			km

54 Arbeitgeberleistungen laut Nr. 17 der Lohnsteuerbescheinigung **(steuerfrei ersetzt)** 290 EUR ,– | Arbeitgeberleistungen laut Nr. 18 der Lohnsteuerbescheinigung **(pauschal besteuert)** 295 EUR ,– ⓔ

55 Von der Agentur für Arbeit oder dem Jobcenter gezahlte Fahrtkostenzuschüsse 291 ,–

Beiträge zu Berufsverbänden

56 Bezeichnung der Verbände | 310 EUR ,–

Aufwendungen für Arbeitsmittel
– soweit nicht steuerfrei ersetzt –

57 Art der Arbeitsmittel | EUR ,–

58 + ,–

59 Summe 320 = ,–

Häusliches Arbeitszimmer, das den Mittelpunkt der gesamten betrieblichen und beruflichen Tätigkeit bildet
– tatsächliche Aufwendungen oder
– Jahrespauschale i. H. v. 1.260 € (bei nicht ganzjährig vorliegenden Voraussetzungen zeitanteilig)

60 | 325 EUR ,–

Tagespau… …licher Tätigkeit im Homeoffice)

Auszug aus der Anlage N

Zeile			EUR
	Fortbildungskosten – soweit nicht steuerfrei ersetzt –		
63		330	,–
	Weitere Werbungskosten – soweit nicht steuerfrei ersetzt –		
64	Fähr- und Flugkosten bei Wegen zwischen Wohnung und erster Tätigkeitsstätte / Sammelpunkt / weiträumigem Tätigkeitsgebiet		,–
65	Sonstiges (z. B. Bewerbungskosten, Kontoführungsgebühren)	+	,–
66		+	,–
67	Summe der weiteren Werbungskosten	380 =	,–

2023

Anlage Vorsorgeaufwand

Auszug aus der Anlage Vorsorgeaufwand

Diese Anl… veranlagu… partnern g… auszufüllen.

Daten für die mit ⓔ gekennzeichneten Zeilen liegen im Regelfall vor und müssen nicht eingetragen werden. – Bitte Anleitung beachten. –

1 Name

2 Vorname

3 **Steuernummer**

Angaben zu Vorsorgeaufwendungen

Beiträge zur Altersvorsorge

52

Zeile			Steuerpflichtige Person / Ehemann / Person A (EUR)		Ehefrau / Person B (EUR)	
4	Arbeitnehmeranteil laut Nr. 23 a / b der Lohnsteuerbescheinigung	300	,–	400	,–	ⓔ
5	Beiträge zur landwirtschaftlichen Alterskasse; zu berufsständischen Versorgungseinrichtungen, die den gesetzlichen Rentenversicherungen vergleichbare Leistungen erbringen (abzüglich steuerfreier Zuschüsse laut Nr. 22 b der Lohnsteuerbescheinigung) **– ohne Beiträge, die in Zeile 4 geltend gemacht werden –**	301	,–	401	,–	
6	Beiträge zu gesetzlichen Rentenversicherungen **– ohne Beiträge, die in Zeile 4 geltend gemacht werden –**	302	,–	402	,–	
7	Erstattete Beiträge und / oder steuerfreie Zuschüsse zu den Zeilen 4 bis 6 (ohne Zuschüsse, die von den Beiträgen laut Zeile 8 abzuziehen sind und ohne Zuschüsse laut den Zeilen 9 und 10)	309	,–	409	,–	ⓔ
8	Beiträge zu zertifizierten Basisrentenverträgen (sog. Rürup-Verträge) mit Laufzeitbeginn nach dem 31.12.2004 (abzüglich steuerfreier Zuschüsse) **– ohne Altersvorsorgebeiträge, die in der Anlage AV geltend gemacht werden –**	303	,–	403	,–	ⓔ
9	Arbeitgeberanteil / -zuschuss laut Nr. 22 a / b der Lohnsteuerbescheinigung	304	,–	404	,–	ⓔ
10	Arbeitgeberanteil zu gesetzlichen Rentenversicherungen im Rahmen einer pauschal besteuerten geringfügigen Beschäftigung	306	,–	406	,–	

Beiträge zur inländischen gesetzlichen Kranken- und Pflegeversicherung

Zeile			EUR		EUR	
11	Arbeitnehmerbeiträge zu Krankenversicherungen laut Nr. 25 der Lohnsteuerbescheinigung	320	,–	420	,–	ⓔ
12	In Zeile 11 enthaltene Beiträge, aus denen sich kein Anspruch auf Krankengeld ergibt	322	,–	422	,–	
13	Arbeitnehmerbeiträge zu sozialen Pflegeversicherungen laut Nr. 26 der Lohnsteuerbescheinigung	323	,–	423	,–	ⓔ

Weitere sonstige Vorsorgeaufwendungen

Auszug aus der Anlage Vorsorgeaufwand

Zeile			Steuerpflichtige Person / Ehemann / Person A (EUR)		Ehefrau / Person B
43	Arbeitnehmerbeiträge zur Arbeitslosenversicherung laut Nr. 27 der Lohnsteuerbescheinigung	370	,–	47…	

Zeile	Beiträge (abzüglich steuerfreier Zuschüsse und erstatteter Beiträge) zu		Steuerpflichtige Person / Ehegatten / Lebenspartner (EUR)
44	– Versicherungen gegen Arbeitslosigkeit **– ohne Beiträge, die in Zeile 43 geltend gemacht werden –**	500	,–
45	– freiwilligen eigenständigen Erwerbs- und Berufsunfähigkeitsversicherungen	501	,–

102–103
Datum: ....

1. **Ergänzen Sie die Übersicht über die Rechtsfähigkeit.**

Rechtsfähigkeit

Dies bedeutet: ______________________________
____

Wer ist rechtsfähig? ______________________ | ______________________

Lufthansa

Handwerkskammer Konstanz

j. P. des privaten Rechts

j. P. des öffentlichen Rechts

Beispiele:

______	______	______
______	______	______
______	______	______

Dauer:

______	______	______
______	______	______
______	______	______
______	______	______
______	______	______

2. **Kreuzen Sie jeweils an.**

Fall	natürliche Personen	juristische Person des Privatrechts	juristische Person des öffentlichen Rechts
die 19-jährige Karin Kloß			
die Daimler AG			
die Stadt Mannheim			
der 5-jährige Paul Müller			
der Rechtsanwalt Manfred Winkel			
der Staatsanwalt Walter Knack			
der VfB Stuttgart			

1. Ergänzen Sie die Übersicht über die Geschäftsfähigkeit.

Geschäftsfähigkeit

Dies bedeutet: ______________________________

Stufen:
- ______________________________
- ______________________________
- ______________________________

Alter:
- • ______________________________
- • ______________________________
- • ______________________________

Weitere Personen:
- • ______________________________
- • ______________________________

Rechtliche Wirkung:

Rechtsgeschäfte sind ______________________________

Rechtsgeschäfte sind ______________________________

der gesetzliche Vertreter muss ______________________________

Ausnahmen: ______________________________

Rechtsgeschäfte sind ______________________________

2. **Kreuzen Sie jeweils die richtige Stufe der Geschäftsfähigkeit an.**

Personen	geschäftsunfähig	beschränkt geschäftsfähig	voll geschäftsfähig
a) der 6-jährige Hans Bauer			
b) die 16-jährige Martina Kleemann			
c) der 24-jährige Egon Specht			
d) die 38-jährige Klara Baier			
e) der 19-jährige Kurt Schmittke			
f) der 20-jährige Martin Berger, dauerhaft geisteskrank			

3. **Begründen Sie kurz in Stichworten, ob die folgenden Rechtsgeschäfte gültig sind.**

a) Anton Singer, 19 Jahre alt, kauft sich eine 1 000 € teuere Musikanlage.	______________________ ______________________
b) Gegen den Willen der Eltern bekommt der 12-jährige Klaus von seinem Onkel ein Fahrrad geschenkt.	______________________ ______________________
c) Die 5-jährige Katrin holt aus ihrer Spardose 20 € und kauft dafür Gummibärchen.	______________________ ______________________
d) Birgit Fischer, 17 Jahre alt, kauft sich einen 100 € teueren MP3-Player.	______________________ ______________________
e) Paula Huber, 45 Jahre alt, dauerhaft geisteskrank, abonniert 10 verschiedene Tageszeitungen.	______________________ ______________________
f) Der 16-jährige Martin kauft bei einem Händler ein Mofa. Er vereinbart den Kaufpreis in 15 Monatsraten von seinem Taschengeld zurückzuzahlen.	______________________ ______________________

4. **Ergänzen Sie die Zusammenfassung über die Rechts- und Geschäftsfähigkeit.**

Unter **Rechtsfähigkeit** versteht man die Fähigkeit ______________________. Die Rechtsfähigkeit beginnt mit der ______________; sie endet mit dem ____________. Lebende Menschen bezeichnet man als ______________________. Neben natürlichen Personen können auch ______________________ rechtsfähig sein. Dies sind Personenvereinigungen, denen das Gesetz eine eigene Rechtsfähigkeit zuerkennt wie zum Beispiel ______________________. Juristische Personen sind zwar rechtsfähig, dennoch können sie nicht selbstständig am Wirtschaftsleben teilnehmen. Dazu benötigen sie die Hilfe von natürlichen Personen. Für die juristischen Personen handeln deshalb ihre Organe, dies ist zum Beispiel bei einem Verein der ______________. Unter ______________________ versteht man dagegen die Fähigkeit, vollgültige Geschäfte abzuschließen. Das Gesetz unterscheidet hierbei verschiedene Stufen. Ein Geschäftsunfähiger kann grundsätzlich keine Rechtsgeschäfte abschließen, für ihn handelt der ______________________. Beschränkt Geschäftsfähige benötigen in der Regel die ______________________ ______________________. Ab __________ Jahren ist man voll geschäftsfähig und kann vollgültige Rechtsgeschäfte abschließen.

1. **Rechtsgeschäfte entstehen durch die Abgabe von Willenserklärungen. Diese können durch ausdrückliche Erklärungen, durch schlüssige Handlungen oder durch Schweigen erfolgen.**
Ergänzen Sie das abgebildete Schema mit folgenden Begriffen:
mündliche Bestellung im Lokal, Lösen einer Fahrkarte am Automaten, Kaufmann schweigt zu abgeänderter Auftragsbestätigung, Käufer nimmt am Kiosk eine Zeitung und zahlt wortlos, schriftliche Bestellung bei Versandhaus.

Willenserklärungen

ausdrückliche Erklärungen	schlüssige Handlungen	Schweigen
z. B. ______	z. B. ______	z. B. ______
______	______	______
______	______	______
______	______	______
______	______	______
______	______	______
______	______	______

2. **Ergänzen Sie das vorbereitete Schema mit folgenden Begriffen:** *Willenserklärungen, Berufsausbildungsvertrag, Testament, einseitige Rechtsgeschäfte, Arbeitsvertrag, Kaufvertrag, Kündigung, mehrseitige Rechtsgeschäfte.*

Rechtsgeschäfte

entstehen durch
die Abgabe von

______

______	______
liegen vor, wenn eine Person eine Willenserklärung abgibt.	liegen vor, wenn mindestens 2 Personen übereinstimmende Willenserklärungen abgeben.
z. B. ______	z. B. ______
______	______
______	______
______	______

 108

3. Nach dem **Grundsatz der Formfreiheit** können Rechtsgeschäfte in beliebiger Form abgeschlossen werden. Für einige wichtige Rechtsgeschäfte schreibt das Gesetz jedoch eine bestimmte Form vor.
Setzen Sie folgende Begriffe in das vorbereitete Schaubild ein:
öffentliche Beglaubigung, Grundstückskauf, Schriftform, notarielle Beurkundung, Eheverträge, Ratenkaufvertrag, Anträge auf Eintrag ins Handelsregister, Kündigung von Arbeitsverträgen, Ausschlagung einer Erbschaft, nichtig (ungültig)

Form der Rechtsgeschäfte

______________________	______________________	______________________
Verlangt wird ein Schriftstück, das die Beteiligten eigenhändig unterschreiben.	Die Echtheit der Unterschrift unter einem Schriftstück wird amtlich oder notariell beglaubigt.	Ein Notar hält die Willenserklärung schriftlich fest und bestätigt Inhalt und Echtheit der Unterschrift.
z. B. ______________________	z. B. ______________________	z. B. ______________________
______________________	______________________	______________________
______________________	______________________	______________________
______________________	______________________	______________________

Wird die gesetzlich vorgeschriebene Form nicht eingehalten, dann ist das Rechtsgeschäft eventuell ______________________.

4. Kreuzen Sie an.

Rechtsgeschäft	formfrei	Schriftform	öffentliche Beglaubigung	notarielle Beurkundung
Frau Putzig kauft ihren Geschirrspüler auf Raten.				
Karl Protz bezahlt sein neues Motorrad bar.				
Bauer Kohl verkauft einen Acker an seinen Nachbarn.				
Der „Verein zur Förderung der Wirtschaftskunde“ beantragt seine Eintragung ins Vereinsregister.				
Martin Stift schließt seinen Ausbildungsvertrag ab.				
Herr Burger übernimmt für den Kredit seiner Tochter die Bürgschaft.				
Frau Schenker verspricht, dass sie ihrem Neffen zu seinem 18. Geburtstag 10 000 € schenken wird.				

 → 109 Datum: ....

5. **Ergänzen Sie das Schaubild.**

Rechtsgeschäfte

nichtig	**anfechtbar**
bei	bei
______________________________	______________________________
______________________________	______________________________
______________________________	______________________________
______________________________	______________________________
______________________________	
______________________________	
↓	↓
Rechtsgeschäfte sind von Anfang an ____________.	Rechtsgeschäfte sind ____________, sie werden aber durch Anfechtung ____________.

6. **Begründen Sie, ob die folgenden Rechtsgeschäfte nichtig oder anfechtbar sind.**

Rechtsgeschäft	nichtig	anfecht-bar	Begründung
Alfred Grün verkauft normales Obst als besonders gesunde „Bioware“.			
Ein Arbeitgeber droht seine Sekretärin zu entlassen, wenn sie sich nicht mit seinem Sohn verlobt.			
Von einem Guru, dem Oberhaupt der „Gemeinschaft der universalen Erleuchtung“, erhält Herr Mayer 800 €, wenn er endlich den „richtigen Glauben“ annimmt.			
In gelöster Partystimmung bietet Hans Vogel einem Gast für 9,99 €, inklusive Mehrwertsteuer, seinen neuen Sportwagen an.			
Wegen einer Notlage nimmt Franziska Maus bei der Kreditvermittlung Herbert Hai einen Kleinkredit auf. Firma Hai verlangt 45 % Zinsen.			
Ein Rauschgifthändler verkauft einem Zwischendealer 1,2 kg Kokain.			
Erwin Peters sucht dringend eine Wohnung. In seiner Notlage mietet er eine 40 m^2 große Wohnung zum Preis von 2000 €.			
Damit es gut lesbar ist, tippt Frau Pingel ihr Testament mit dem PC, druckt es aus und unterschreibt es eigenhändig.			
Die 6-jährige Tina verkauft für 10 € ihren Puppenwagen.			
Die Renovierungsarbeiten bei Firma Clever betragen 30 000 €. Um Steuern zu sparen einigt sich Herr Clever mit dem Handwerker auf eine „offizielle Rechnung“ über 10 000 €.			
Der halb blinde Teppichhändler verkauft einen echten Perserteppich als billigen Industrieteppich.			
Für eine Beerdigung benötigt der blinde Norbert Bock einen dunklen Anzug. Verkäufer Harry Fuchs nutzt die Gelegenheit und verkauft ihm seinen gelb-grün gestreiften Ladenhüter.			

Zustandekommen und Erfüllung des Kaufvertrags

1. Nachfolgend sehen Sie zwei mögliche Formen für den Abschluss eines Kaufvertrags. Ergänzen Sie, wie jeweils ein Vertrag zustande kommt.

Beispiel 1:
Auf ein Sonderangebot der Mühle Klaps & Co bestellt Bäckermeister Clever einen Sonderposten Mehl.

________________ ________________

→ **Kaufvertrag** ←

Beispiel 2:
Die Firma Barth feiert ihr 50-jähriges Jubiläum und erteilt Bäckermeister Clever einen Sonderauftrag über 1 200 Brötchen. Meister Clever nimmt den Auftrag sofort an.

________________ + ________________

→ **Kaufvertrag** ←

2. Ein Kaufvertrag entsteht durch zwei übereinstimmende ______________________________, nämlich den Antrag und dessen Annahme. Antrag und Annahme können sowohl durch den Käufer als auch durch den Verkäufer erfolgen. Tragen Sie in die Übersicht folgende Begriffe ein: *Bestellung, Angebot, Bestellungsannahme, Bestellung, Lieferung.*

Verkäufer

Kaufvertrag
Verpflichtungsgeschäft

Käufer

Antrag = ________________ Kaufvertrag ________________ = **Annahme**

oder:

Annahme = ________________ ________________ Kaufvertrag ________________ = **Antrag**

3. Welche Pflichten müssen durch den Abschluss eines Kaufvertrags erfüllt werden?

Kaufvertrag
Erfüllungsgeschäft

Pflichten des Verkäufers

____
____
____

____
____

Pflichten des Käufers

____
____
____

____
____

4. **Begründen Sie, weshalb in den folgenden Beispielen der Verkäufer nicht an sein Angebot gebunden ist.**

Beispiel 1:	Beispiel 2:	Beispiel 3:
Die Mühle Klaps & Co bietet Meister Clever einen besonders günstigen Posten Mehl, solange der Vorrat reicht.	Meister Clever bestellt auf ein Angebot, nachdem er es sich 14 Tage gut überlegt hat.	Meister Clever bestellt auf ein Angebot. Bei seiner Bestellung trägt er einen niedrigeren Preis ein.
↓	↓	↓
Die **Bindung an das Angebot** wird aufgehoben durch ____________.	Die **Bindung an das Angebot** erlischt bei ____________.	Die **Bindung an das Angebot** erlischt bei ____________.

5. **Durch Unaufmerksamkeit des Auszubildenden Paul Kuntze wurde im Schaufenster der Firma Knolle das abgebildete Notebook um 500 € zu niedrig ausgezeichnet. Ein Kunde verlangt, dass die Ware zum ausgezeichneten Preis abgegeben wird. Herr Knolle weigert sich. Muss das Notebook zu dem angegebenen Preis verkauft werden?**

____

____

Inhalt des Kaufvertrags

6. **Sofern bei Vertragsabschluss keine besonderen Vereinbarungen getroffen werden, gelten die gesetzlichen Regelungen. Ergänzen Sie die Aufstellung.**

	gesetzliche Regelung
Art und Güte: Welche Art und Güte muss geliefert werden?	
Verpackungs- und Beförderungskosten: Wer trägt diese Kosten?	
Preisnachlässe: Dürfen Preisabzüge wie Skonto und Rabatt vorgenommen werden?	
Erfüllungsort: • Wo muss die Ware übergeben werden? • Wo muss der Kaufpreis bezahlt werden?	
Gerichtsstand: Wo kann Klage erhoben werden?	

Kaufvertrag

Herr, Frau, Firma ______________________________

Anschrift ______________________________

verkauft hiermit an

Herr, Frau, Firma ______________________________

Anschrift ______________________________

das Kraftfahrzeug

Typ ______________ Fahrgestell-Nr. ______________

Amtl. Kennzeichen ______________________________

km-Stand ______________ Datum der Erstzulassung ______________

Zubehör ______________________________

____

unter Ausschluss jeglicher Gewährleistung zu folgenden Bedingungen:

§ 1

Der Kaufpreis beträgt ______________________________ €

(in Worten) ______________________________

Er ist bei der Übernahme des Fahrzeugs in bar zu entrichten.

§ 2

Der Verkäufer versichert, dass das Fahrzeug in seinem unbeschränkten Eigentum steht, insbesondere nicht mit Rechten Dritter belastet ist, und dass es nur folgende, ihm bekannte Sachmängel hat:

____

____

Unfallschäden hatte: ______________________________

____

§ 3

Der Käufer verpflichtet sich den Wagen umgehend auf seinen Namen umschreiben zu lassen. Der Verkäufer benachrichtigt seine Versicherungsgesellschaft von dem Besitzwechsel des Autos. Zu viel gezahlte Steuern und Versicherungsprämien stehen dem Verkäufer zu.

§ 4

Mündliche Nebenabreden wurden nicht getroffen. Insbesondere wurden keine außergewöhnlichen Eigenschaften des Wagens zugesichert. Das Auto wurde am

______________ um ______________ Uhr vom Käufer übernommen.

______________ , den ______________

____

(Verkäufer) (Käufer)

7. Füllen Sie das nebenstehende Kaufvertragsformular aus und verwenden Sie dabei folgende Daten:
Manuela Huber, Weimarstr. 34, 70190 Stuttgart, kauft von Erwin Redlich, Mörikestr. 23, 71642 Ludwigsburg, einen PKW (Ford Fiesta, Erstzulassung 06.04.2020, Stereoradio mit CD- und MP3-Player, Klimaanlage, Bordcomputer, Kilometerstand 24 900 km, Fahrgestellnummer Y 23 651, amtliches Kennzeichen LB – R 122) zum Preis von 12 500 €. Herr Redlich versichert, dass der Wagen noch keinen Unfall hatte.

8. Könnte der Autokauf auch ohne schriftlichen Kaufvertrag erfolgen?

____

____

____

____

____

____

____

9. Welche Gründe sprechen für einen schriftlichen Kaufvertrag?

____

____

____

____

____

____

____

____

____

____

____

1. Herr Fuchs bewohnt sein eigenes Haus. Ein weiteres Haus, das er von seiner Tante Erna geerbt hat, wurde von ihm an Herrn Vogel vermietet.

Wer ist der **Besitzer** des vermieteten Hauses?	Wer ist der **Eigentümer** des vermieteten Hauses?
↓ ______________________	↓ ______________________

2. Welcher Unterschied besteht demnach zwischen Besitz und Eigentum?

Besitz ____

Eigentum ____

3. Wie erfolgt der **Eigentumsübergang** bei

beweglichen Sachen?	**unbeweglichen Sachen?**
 ______________________	 ______________________

4. a) Für sein Wohnzimmer bestellt Herr Vogel bei der Möbelhandlung Holz & Wurm eine neue Schrankwand. In den Lieferbedingungen des Kaufvertrages taucht das Wort **Eigentumsvorbehalt** auf. Erläutern Sie diesen Begriff.

____

____

____

____

b) Herrn Vogels alter Fernseher passt nicht in die neue Wohnwand. Er verkauft ihn deshalb gegen Barzahlung an seine Nachbarin, Frau Wolf. Diese weiß nicht, dass der Apparat im Hifi-Studio Watt auf Raten gekauft und unter Eigentumsvorbehalt geliefert wurde. Ist nun sie die neue Eigentümerin des Geräts? Lesen Sie hierzu den nebenstehenden Auszug aus dem BGB.

____

____

____

§ 932 BGB Gutgläubiger Erwerb vom Nichtberechtigten

(1) Durch eine nach § 929 erfolgte Veräußerung wird der Erwerber auch dann Eigentümer, wenn die Sache nicht dem Veräußerer gehört, es sei denn, dass er zu der Zeit, zu der er nach diesen Vorschriften das Eigentum erwerben würde, nicht in gutem Glauben ist. [...]

(2) Der Erwerber ist nicht in gutem Glauben, wenn ihm bekannt oder infolge großer Fahrlässigkeit unbekannt ist, dass die Sache nicht dem Veräußerer gehört.

5. Herr Vogel hat großes Pech. Während der Nacht hat ein Dieb von seinem Auto die teuren Leichtmetallfelgen abmontiert und an den ahnungslosen Herrn Sorglos verkauft. Ist Herr Sorglos nun neuer Eigentümer der Leichtmetallfelgen geworden? Lesen Sie hierzu den nachfolgenden Auszug aus dem BGB.

§ 935 BGB Kein gutgläubiger Erwerb von abhanden gekommenen Sachen

(1) Der Erwerb des Eigentums aufgrund der §§ 932 bis 934 tritt nicht ein, wenn die Sache dem Eigentümer gestohlen worden, verloren gegangen oder sonst abhanden gekommen war. [...]

____

____

____

____

____

118–121
Datum: ....

Guten Tag Herr Pfeiffer,
mein Name ist Bruch vom Versandhaus Bruch. Vor drei Wochen haben wir Ihnen verschiedene Waren geliefert. Trotz einer Mahnung warten wir immer noch auf Bezahlung.

Guten Tag Frau Bruch.

Gut, dass Sie mich anrufen. Gerade schreibe ich eine E-Mail an Sie. Das war nämlich nichts Tolles, was Sie da geliefert haben. Bei Ihrer Lieferung habe ich folgende Mängel entdeckt:

- Statt der bestellten Damenbluse wurde ein Herrenhemd geliefert und das in Größe 44; meine Frau ist doch kein Gorilla.
- Beim Waschen ist die im Katalog als kochfest beschriebene Hose extrem eingegangen; sie hat jetzt die Länge von Bermudashorts.
- Anstatt der gewünschten 4 T-Shirts wurden nur 2 geliefert.
- Die gelieferte Nachtcreme riecht ranzig.
- Das Text-Programm ist wohl eine Raubkopie, da die Seriennummer fehlt.
- Außerdem habe ich einen ganzen Nachmittag vergeblich versucht, das Schuhschränkchen ohne Montageanleitung zusammenzubauen.
- Der Staubsauger saugt nicht.
- Der Displayschutz aus Panzerglas passt nicht zu meinem Handy.
- Der gelieferte Drucker funktioniert nicht unter Windows 10.

Ich kann nur sagen, die ganze Lieferung war im wahrsten Sinn des Wortes eine echte „**Bruch-Sendung**“.

1. **Einer mangelhaften Lieferung können verschiedene Mängel zugrunde liegen. Tragen Sie die vorliegenden Mängel dieser „Bruch-Sendung“ in die Übersicht ein.**

Sachmängel

schlechte Qualität	falsche Ware	zu wenig	Funktionalität	Interoperabilität
______	______	______	______	______
______	______	______	______	______
______	______	______	______	______

nicht eingehaltene Werbeaussagen	Montagemangel	Kompatibilität
______	______	______
______	______	______

Rechtsmangel

Rechtsmangel
______
______

2. **Wann verjährt bei einem Verbrauchsgüterkauf der gesetzliche Anspruch des Käufers auf Sachmangelhaftung?**

____

118–121

Datum: ....

3. Ergänzen Sie die Übersicht.

Rechte des Käufers bei einer mangelhaften Lieferung

↓ zuerst (= **vorrangige Rechte**)

____

Der Käufer kann wählen:

____

____

↓ Wenn erfolglos: (= **nachrangige Rechte**)

↓	↔ oder	↓	zusätzlich ↓
____________		____________	____________
____________		____________	____________

4. Wann gilt die Nacherfüllung als gescheitert?

____

____

5. Sie erinnern sich: Die als kochfest verkaufte Hose ist extrem eingegangen. Außerdem hat sie beim Waschen stark abgefärbt. Die gesamte Unterwäsche von Herrn Pfeiffer hat nun ein sattes Einheitsblau. Seine vormals weißen Oberhemden sind jetzt himmelblau. Um den ursprünglichen Zustand wiederherzustellen, müssten die Wäschestücke in einer teuren Spezialreinigung entfärbt werden.
Welche Rechte kann Herr Pfeiffer beanspruchen? Begründen Sie Ihre Entscheidung.

____

____

____

____

____

____

6. Tanja hat einen neuen Mikrowellenherd gekauft. Daheim entdeckt sie beim Auspacken starke Kratzer am Gehäuse und einen Sprung im Türglas. Der Verkäufer behauptet, die Beschädigungen wären nachträglich beim Gebrauch entstanden. Sofern man ihm nicht das Gegenteil beweise, würde er die Reklamation nicht anerkennen. Beurteilen Sie die Rechtslage mit Hilfe des nebenstehenden Gesetzestextes.

____

____

____

§ 477 BGB Beweislastumkehr
Zeigt sich innerhalb eines Jahres seit Gefahrübergang ein von den Anforderungen […] abweichender Zustand der Ware, so wird vermutet, dass die Ware bereits bei Gefahrübergang mangelhaft war, es sei denn, diese Vermutung ist mit der Art der Ware oder des mangelhaften Zustands unvereinbar.

1. **Anton Fischer wurde vom Versandhaus Bruch am 12.07.2024 eine Digitalkamera geliefert. Nach vier Wochen funktioniert das Zoomobjektiv nicht mehr. Anton Fischer will seine Käuferrechte in Anspruch nehmen. Am 14.08.2024 verfasst er eine schriftliche Mängelrüge, in der er das entsprechende vorrangige Recht beansprucht. Er setzt eine angemessene Frist und weist darauf hin, dass er nach deren ergebnislosem Verstreichen vom Vertrag zurücktreten wird. Verfassen Sie das Schreiben für Anton Fischer und verwenden Sie den vorbereiteten Geschäftsbrief. Ergänzen Sie diesen sinnvoll mit folgenden Angaben: Böblinger Str. 134, 70199 Stuttgart, 0711/342653, fischer@anton.de, aktuelles Datum, Anton Fischer.**

____

______________ • ______________ • ______________ • ______________

____

Versandhaus Bruch
Breite Gasse 37
90402 Nürnberg

____

Mängelrüge

Sehr geehrte Damen und Herren,

1. Ergänzen Sie die vereinfachte Übersicht über den Verzug.

Verzug

______

Schuldhaft liefert der Verkäufer die fällige Ware nicht.

Voraussetzung:

______

oder

______

______

Rechte des Käufers

- Unter **Setzen** einer **Nachfrist**
  - ______ verlangen
  - \+
  - ______
- nach **Verstreichen** einer **Nachfrist**
  - ______ vom Vertrag
  - ______ statt Leistung

______

Der Käufer nimmt die ordnungsgemäß gelieferte Ware nicht ab.

Rechte des Verkäufers

- Klage auf ______ + ______ ______ ______ ______
- öffentliche ______ ______ (bei verderblichen Waren) + ______
- Rücktritt vom ______ + ______ ______ ______ ______

______

Grundlos zahlt der Käufer die fällige Rechnung nicht.

Rechte des Verkäufers

- ohne ______
  - Zahlung verlangen
  - \+
  - Schadensersatz
- mit ______
  - Rücktritt vom Vertrag
  - Rücknahme der Ware
  - \+
  - Schadensersatz

2. Bearbeiten Sie die Fälle zum Verzug.

Fall	Lösung
1. Lieferungsverzug liegt vor, wenn der Verkäufer schuldhaft nicht rechtzeitig liefert.	☐ richtig ☐ falsch
2. Für die Eröffnung seines Internetcafés hat ein Käufer 15 PCs mit Monitor bestellt. Es wurde fest vereinbart, dass die Geräte 2 Tage vor der Neueröffnung am 1. März geliefert werden. Der Händler liefert nicht rechtzeitig. a) Ist eine Mahnung nötig, damit er in Verzug gerät? b) Kann entgangener Gewinn als Schadensersatz geltend gemacht werden?	
3. Der Händler aus Fall 2 hat für die Geräte bereits einen höheren Preis mit einem anderen Kunden ausgehandelt und weigert sich, die Lieferung vorzunehmen. Muss der Käufer zunächst eine Nachfrist setzen?	
4. Wie wäre der Sachverhalt in Fall 3, wenn der Händler nicht liefern kann, weil sein Betrieb bestreikt wird? a) Kann der Käufer auf Schadensersatz bestehen? b) Kann der Käufer von Vertrag zurücktreten?	
5. Elektrohändler Saubermann erhält von seinem Großhändler zusammen mit der Rechnung 10 Waschmaschinen geliefert. Es wurde kein Zahlungstermin vereinbart. Ab wann ist Saubermann im Verzug?	
6. Elektrohändler Saubermann zahlt die Rechnung seines Großhändlers nicht. Wie viel Prozent Verzugszinsen kann der Großhändler verlangen?	

3. Das Lösungswort bezeichnet den Vertragspartner, der für verursachte Verzugsfolgen einstehen muss.

1. Sie muss immer angemessen sein.
2. Die Rechte Schadensersatz und Rücktritt vom Vertrag kann der Gläubiger ... in Anspruch nehmen.
3. Kann aufgrund höherer Gewalt, z. B. Streik nicht geliefert werden, liegt kein ... vor.
4. 30 Tage nach Zugang einer ... gerät der Schuldner auch ohne Mahnung in Verzug.
5. Eine Mahnung ist entbehrlich, wenn der Liefer- oder Zahlungstermin nach dem ... festgelegt ist.
6. Liegen besondere Umstände vor, ist keine Nachfrist ...
7. Erst durch sie gerät der Schuldner in Verzug.
8. Wenn ein Verbraucher beteiligt ist, liegt der Verzugszins ... Prozent über dem Basiszins.
9. Er kann beim Annahmeverzug bei leicht verderblicher Ware vorgenommen werden.

Hinweis: ü = ue

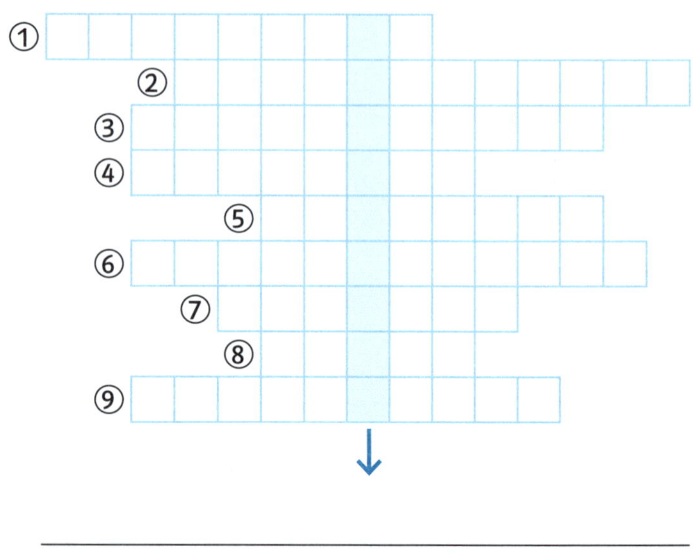

Probleme beim Kaufvertrag

Problemsituation:
Die 18-jährige Sophie will sich räumlich vergrößern und kauft für ihre neue Mietwohnung eine Einbauküche. Diese soll laut Kaufvertrag Anfang März 2024 geliefert und eingebaut werden. Am 16. März ist die Küche jedoch noch nicht da. Sophie ist verärgert und teilt dies dem Möbelhändler mit. Außerdem setzt sie ihm schriftlich eine Nachfrist für die Lieferung bis zum 31. März 2024.
Am 01. April 2024 ist die Küche aber immer noch nicht geliefert worden. Sophie ist empört und möchte vom Vertrag zurücktreten.

Arbeitsauftrag:
Klären Sie unter Verwendung der untenstehenden Auszüge aus dem BGB, ob Sophie im Recht ist.

→ Präsentieren Sie Ihr Arbeitsergebnis der Klasse.

Auszüge aus dem Bürgerlichen Gesetzbuch (BGB)

§ 145 Bindung an den Antrag
Wer einem anderen die Schließung eines Vertrags anträgt, ist an den Antrag gebunden, es sei denn, dass er die Gebundenheit ausgeschlossen hat.

§ 433 Vertragstypische Pflichten beim Kaufvertrag
(1) Durch den Kaufvertrag wird der Verkäufer einer Sache verpflichtet, dem Käufer die Sache zu übergeben und das Eigentum an der Sache zu verschaffen. Der Verkäufer hat dem Käufer die Sache frei von Sach- und Rechtsmängeln zu verschaffen.
(2) Der Käufer ist verpflichtet, dem Verkäufer den vereinbarten Kaufpreis zu zahlen und die gekaufte Sache abzunehmen.

§ 323 Rücktritt wegen nicht oder nicht vertragsgemäß erbrachter Leistung
(1) Erbringt bei einem gegenseitigen Vertrag der Schuldner eine fällige Leistung nicht oder nicht vertragsgemäß, so kann der Gläubiger, wenn er dem Schuldner erfolglos eine angemessene Frist zur Leistung oder Nacherfüllung bestimmt hat, vom Vertrag zurücktreten.
(2) Die Fristsetzung ist entbehrlich, wenn
1. der Schuldner die Leistung ernsthaft und endgültig verweigert,
2. der Schuldner die Leistung bis zu einem im Vertrag bestimmten Termin oder innerhalb einer im Vertrag bestimmten Frist nicht bewirkt, obwohl die termin- oder fristgerechte Leistung nach einer Mitteilung des Gläubigers an den Schuldner vor Vertragsschluss oder auf Grund anderer den Vertragsabschluss begleitenden Umstände für den Gläubiger wesentlich ist, oder
3. im Falle einer nicht vertragsgemäß erbrachten Leistung besondere Umstände vorliegen, die unter Abwägung der beiderseitigen Interessen den sofortigen Rücktritt rechtfertigen.
(3) Kommt nach der Art der Pflichtverletzung eine Fristsetzung nicht in Betracht, so tritt an deren Stelle eine Abmahnung.
(4) Der Gläubiger kann bereits vor dem Eintritt der Fälligkeit von der Leistung zurücktreten, wenn offensichtlich ist, dass die Voraussetzungen des Rücktritts eintreten werden.
(5) Hat der Schuldner eine Teilleistung bewirkt, so kann der Gläubiger vom ganzen Vertrag nur zurücktreten, wenn er an der Teilleistung kein Interesse hat. Hat der Schuldner die Leistung nicht vertragsgemäß bewirkt, so kann der Gläubiger vom Vertrag nicht zurücktreten, wenn die Pflichtverletzung unerheblich ist.
(6) Der Rücktritt ist ausgeschlossen, wenn der Gläubiger für den Umstand, der ihn zum Rücktritt berechtigen würde, allein oder weit überwiegend verantwortlich ist oder wenn der vom Schuldner nicht zu vertretende Umstand zu einer Zeit eintritt, zu welcher der Gläubiger im Verzug der Annahme ist.

125

Datum:

1. Klären Sie unter Verwendung des Auszugs aus dem BGB, ob Sophie im Recht ist.

a) 1. Schritt: Lesen und Verstehen
Markieren Sie im Text die zur Lösung des Rechtsfalls wichtigen Informationen.

Die 18-jährige Sophie will sich räumlich vergrößern und kauft für ihre neue Mietwohnung eine Einbauküche. Diese soll laut Kaufvertrag Anfang März 2023 geliefert und eingebaut werden. Am 16. März ist die Küche jedoch noch nicht da. Sophie ist verärgert und teilt dies dem Möbelhändler mit. Außerdem setzt sie ihm schriftlich eine Nachfrist für die Lieferung bis zum 31. März 2023. Am 01. April 2023 ist die Küche aber immer noch nicht geliefert worden. Sophie ist empört und möchte vom Vertrag zurücktreten.

b) 2. Schritt: Analyse des Problems
Beantworten Sie die Frage: Wer will was von wem?

____

____

____

____

____

c) 3. Schritt: Ansprüche/Gesetzliche Regelungen finden
Erläutern Sie, woraus die Ansprüche abgeleitet werden. Markieren Sie anschließend die für diesen Rechtsfall entscheidenden Stellen im Gesetz.

____

____

____

____

____

Auszüge aus dem BGB

§ 145 Bindung an den Antrag

Wer einem anderen die Schließung eines Vertrags anträgt, ist an den Antrag gebunden, es sei denn, dass er die Gebundenheit ausgeschlossen hat.

§ 433 Vertragstypische Pflichten beim Kaufvertrag

(1) Durch den Kaufvertrag wird der Verkäufer einer Sache verpflichtet, dem Käufer die Sache zu übergeben und das Eigentum an der Sache zu verschaffen. Der Verkäufer hat dem Käufer die Sache abzunehmen.

(2) Der Käufer ist verpflichtet, dem Verkäufer den vereinbarten Kaufpreis zu zahlen und die gekaufte Sache abzunehmen.

§ 323 Rücktritt wegen nicht oder nicht vertragsgemäß erbrachter Leistung

(1) Erbringt bei einem gegenseitigen Vertrag der Schuldner eine fällige Leistung nicht oder nicht vertragsgemäß, so kann der Gläubiger, wenn er dem Schuldner erfolglos eine angemessene Frist zur Leistung oder Nacherfüllung bestimmt hat, vom Vertrag zurücktreten.

(2) Die Fristsetzung ist entbehrlich, wenn

1. der Schuldner die Leistung ernsthaft und endgültig verweigert,

2. der Schuldner die Leistung bis zu einem im Vertrag bestimmten Termin oder innerhalb einer im Vertrag bestimmten Frist nicht bewirkt, obwohl die termin- oder fristgerechte Leistung nach einer Mitteilung des Gläubigers an den Schuldner vor Vertragsschluss oder auf Grund anderer den Vertragsabschluss begleitenden Umstände für den Gläubiger wesentlich ist, oder

3. im Falle einer nicht vertragsgemäß erbrachten Leistung besondere Umstände vorliegen, die unter Abwägung der beiderseitigen Interessen den sofortigen Rücktritt rechtfertigen.

(3) Kommt nach der Art der Pflichtverletzung eine Fristsetzung nicht in Betracht, so tritt an deren Stelle eine Abmahnung.

(4) Der Gläubiger kann bereits vor dem Eintritt der Fälligkeit der Leistung zurücktreten, wenn offensichtlich ist, dass die Voraussetzungen des Rücktritts eintreten werden.

(5) Hat der Schuldner eine Teilleistung bewirkt, so kann der Gläubiger vom ganzen Vertrag nur zurücktreten, wenn er an der Teilleistung kein Interesse hat. Hat der Schuldner die Leistung nicht vertragsgemäß bewirkt, so kann der Gläubiger vom Vertrag nicht zurücktreten, wenn die Pflichtverletzung unerheblich ist.

(6) Der Rücktritt ist ausgeschlossen, wenn der Gläubiger für den Umstand, der ihn zum Rücktritt berechtigen würde, allein oder weit überwiegend verantwortlich ist oder wenn der vom Schuldner nicht zu vertretende Umstand zu einer Zeit eintritt, zu welcher der Gläubiger im Verzug der Annahme ist.

125

Datum:

d) 4. Schritt: Vergleich
Vergleichen Sie den gegebenen Fall mit den gefundenen Paragraphen.

e) 5. Schritt: Formulieren der Lösung

Außergerichtliches Mahnverfahren

1. **Das nachfolgende Schaubild zeigt den möglichen Ablauf des außergerichtlichen Mahnverfahrens. Tragen Sie jeweils die Maßnahme ein, die Sie für angemessen und sinnvoll halten.**

Die Zahlung einer Rechnung steht seit 2 Wochen aus. →	Nach Ablauf von 2 weiteren Wochen hat der Schuldner immer noch nicht bezahlt. →	Nach einer weiteren Woche zeigt der Schuldner immer noch keine Reaktion.	**Zeitlicher Ablauf**
↑ ____________ ____________	↑ ____________ ____________	↑ ____________ ____________	**Angewendete Maßnahmen**
____________ ____________ ____________ ____________ ____________	____________ ____________ ____________ ____________ ____________	____________ ____________ ____________ ____________ ____________	**Formulierung/ Inhalt**

Gerichtliches Mahnverfahren und Zwangsvollstreckung

2. **Vervollständigen Sie die Abbildung über den Ablauf des gerichtlichen Mahnverfahrens und ergänzen Sie den Lückentext auf der folgenden Seite.**

Gläubiger beantragt → ____________

durch das Gericht → Erlass und Zustellung

Schuldner

____________ → Verfahren beendet | ____________ | legt ____________ ein → *auf Antrag* → mündliche Verhandlung

Gläubiger beantragt → ____________

Schuldner

____________ → Verfahren beendet | ____________ | erhebt ____________ → *von Amts wegen* → **mündliche Verhandlung**

durch das Gericht → ____________ ← ermöglicht ← ____________

 127–129 Datum: ....

Beim Amtsgericht beantragt der Gläubiger den Erlass eines ____________________. Das Amtsgericht leitet den Mahnbescheid dem ____________________ zu. Dieser hat nun drei Möglichkeiten: Er kann ________________, dann ist das Verfahren beendet. Zu einer ______________________________ kann es kommen, wenn der Schuldner ________________________ einlegt. Reagiert der Schuldner überhaupt nicht, dann kann der Gläubiger einen ____ beantragen. In diesem Fall hat der Schuldner ebenfalls __________ verschiedene Möglichkeiten: Er kann ______________ und damit das Verfahren beenden, er kann ____________________________ erheben, der wiederum zu einer ________________________________ führt. Wenn er den Vollstreckungsbescheid nicht beachtet, dann kann die Forderung zwangsweise durch den ____________________________ eingetrieben werden. Dieser ______________ das Vermögen des Schuldners, indem er leicht bewegliche Gegenstände wie z. B. Schmuck einfach ________________. Schwer zu transportierende Gegenstände belässt er zunächst beim Schuldner und versieht sie mit einem __________________.
Die gepfändeten Sachen werden durch eine ____ verwertet. Reicht der ____________________erlös nicht aus oder verlief die Pfändung erfolglos, dann kann der Gläubiger beantragen, dass der Schuldner ein Vermögensverzeichnis aufstellt und darüber eine ____________________________________ ______________________________________ abgibt. Jeder, der diese Versicherung abgeben musste, wird in ein ________________________________ beim Amtsgericht aufgenommen. Da man entsprechende Eintragungen auf Antrag erfahren kann, verliert ein Schuldner durch diese Eintragung seine ______________ würdigkeit.

3. Nicht alle Vermögenswerte des Schuldners dürfen gepfändet werden. Geben Sie an, ob die folgenden Vermögenswerte pfändbar sind oder nicht.

Vermögenswert	pfändbar/nicht pfändbar/teilweise pfändbar
wertvolles Gemälde	
Geige eines Musikers	
Briefmarkensammlung	
Fernsehgerät	
PC und Drucker eines Journalisten	
Lohn eines Facharbeiters	
Videokamera	
Nerzmantel	

4. Erläutern Sie die folgende Abbildung.

____

____

____

____

____

Klageverfahren

5. Ergänzen Sie das Schaubild über den Ablauf eines Zivilprozesses durch folgende Begriffe:
zuständiges Gericht, Klageschrift, Beklagter, Klageschrift, Vergleich, Verhandlung, Kläger, Urteil, Klagerücknahme, Versäumnisurteil (Klage wird abgewiesen), Versäumnisurteil (Klage wird stattgegeben).

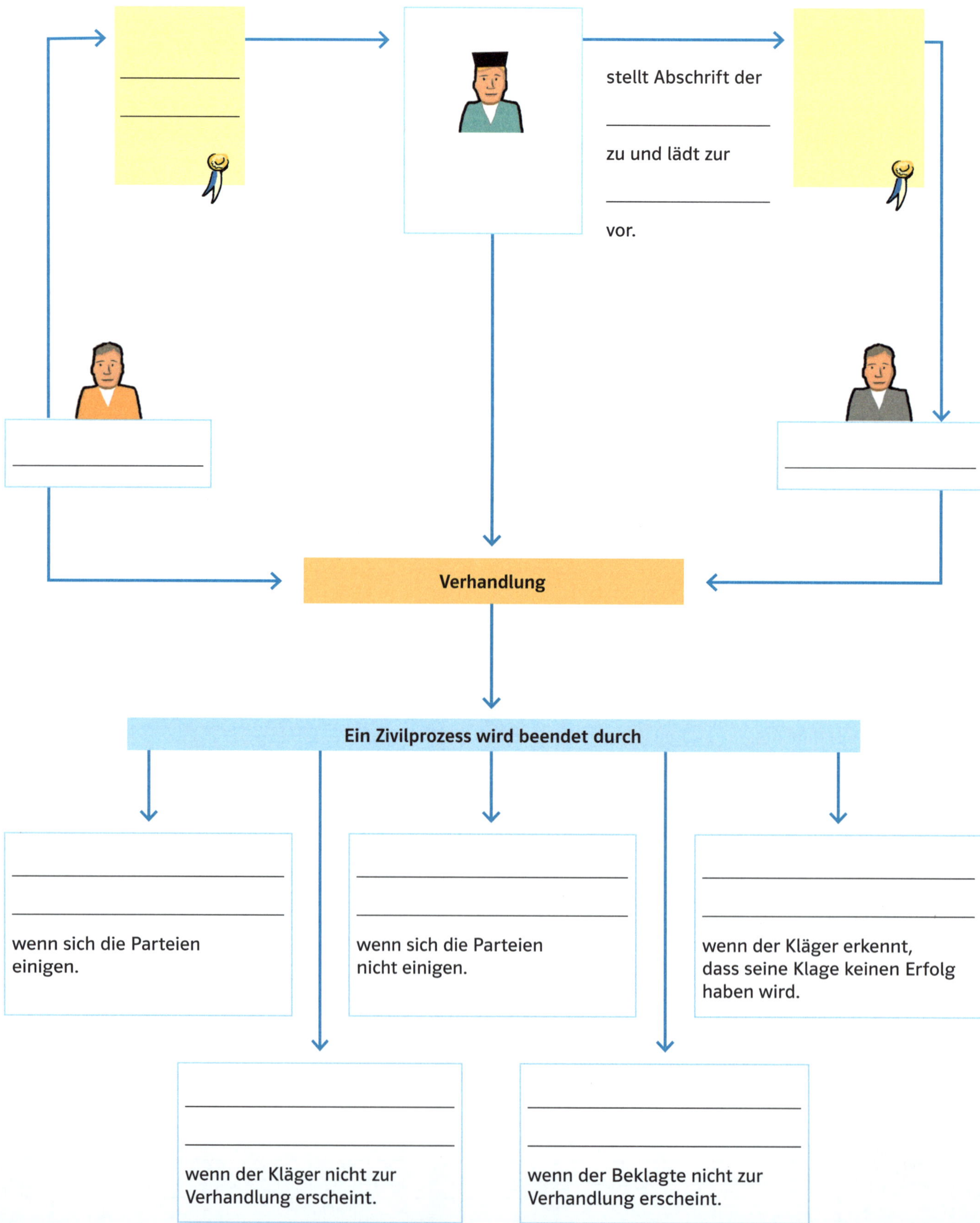

132, 260, 270, 272

Folgen von Zahlungsverzug

Anita Gruber macht eine Ausbildung zur Fachverkäuferin im Lebensmittelhandwerk bei der Fleischerei Sorg. Seit einigen Tagen wird sie im Büro mit der kaufmännischen Seite ihres Ausbildungsberufes vertraut gemacht. Heute soll sie für ihren Chef, Herrn Sorg, eine säumige Zahlung einfordern.

Problemsituation:
Die Fleischerei Erwin Sorg in 72445 Berghausen, Hauptstraße 13, hat Herrn Bruno Knicker für die Feier seines 50. Geburtstags ein exklusives kalt/warmes Büffet geliefert. Aufgrund schlechter Erfahrungen mit Herrn Knickers Zahlungsmoral wurde im schriftlichen Auftrag ausdrücklich vereinbart, dass bei Lieferung am 17.04.2024 bar bezahlt werden soll. Beim Aufbau des Büffets erklärt Herr Knicker, dass er es wegen des ganzen Geburtstagstrubels nicht mehr geschafft habe, bei seiner Bank Geld abzuheben. Er werde deshalb die Rechnung am nächsten Tag im Geschäft begleichen. Notgedrungen akzeptiert Herr Sorg, mahnt aber vorsorglich die Zahlung bis spätestens 12.00 Uhr an. Am nächsten Vormittag ruft Herr Knicker an und sagt, er sei mit dem gelieferten Büffet sehr zufrieden gewesen; jedem der zahlreichen Gäste hätte es bestens geschmeckt. Die beigelegte Rechnung über 1575,00 € werde er auf das im Rechnungsformular angegebene Konto überweisen. Herr Sorg lehnt ab und besteht auf sofortiger Barzahlung bis 12.00 Uhr.

Entgegen seiner Ankündigung hat Herr Knicker bis heute (18.06.2024) immer noch nicht bezahlt. Auch auf eine am 03.05.2024 zugestellte Mahnung hat er nicht reagiert. Da zwei Monate ergebnislos verstrichen sind, hat Anitas Chef die Geduld verloren. Er beauftragt Anita deshalb, alle möglicherweise erforderlichen Maßnahmen zu ergreifen, nämlich ein letztes Mahnschreiben zu verfassen und vorsorglich das gerichtliche Mahnverfahren vorzubereiten. Anschließend soll sie ihm das Ergebnis präsentieren.

Arbeitsauftrag:
Arbeiten Sie in Gruppen zusammen.

1. Entscheiden Sie, in welchem Sprachstil die letzte Mahnung verfasst werden soll. Begründen Sie Ihre Entscheidung.
2. Klären Sie die Rechtslage und die vertragsrechtlichen Ansprüche der Fleischerei Sorg. Verwenden Sie die nachfolgenden Auszüge aus dem BGB.
3. Verfassen Sie ein letztes Mahnschreiben, machen Sie dabei entstandene Kosten geltend. Recherchieren Sie, in welcher Höhe Mahnkosten üblicherweise verlangt werden. Verwenden Sie für fehlende Angaben (z. B. Anschriften) Daten aus Ihrer Region.
4. Ermitteln Sie, welches Gericht für Ihren Betriebsstandort für das gerichtliche Mahnverfahren zuständig ist.
5. Füllen Sie auf der Homepage des zuständigen Gerichts online einen Antrag auf Erlass eines Mahnbescheids aus.
6. Welche Schritte kann Herr Sorg ergreifen, wenn der Mahnbescheid nicht beachtet wird?

→ Präsentieren Sie das Ergebnis Ihrer Arbeit der Klasse und begründen Sie Ihre Entscheidung.

Suchhilfen:
Geben Sie in die Suchmaschine Stichworte wie **Mahnkosten, Basiszins, Basiszinsrechner, Mahngericht** ein.

Auszüge aus dem Bürgerlichen Gesetzbuch (BGB)

§ 286 Verzug des Schuldners
(1) Leistet der Schuldner auf eine Mahnung des Gläubigers nicht, die nach dem Eintritt der Fälligkeit erfolgt, so kommt er durch die Mahnung in Verzug. Der Mahnung stehen die Erhebung der Klage auf die Leistung sowie die Zustellung eines Mahnbescheids im Mahnverfahren gleich.
(2) Der Mahnung bedarf es nicht, wenn
1. für die Leistung eine Zeit nach dem Kalender bestimmt ist, […].

§ 288 Verzugszinsen und sonstiger Verzugsschaden
(1) Eine Geldschuld ist während des Verzugs zu verzinsen. Der Verzugszinssatz beträgt für das Jahr fünf Prozentpunkte über dem Basiszinssatz.
(2) Bei Rechtsgeschäften, an denen ein Verbraucher nicht beteiligt ist, beträgt der Zinssatz für Entgeltforderungen neun Prozentpunkte über dem Basiszinssatz.
(3) Der Gläubiger kann aus einem anderen Rechtsgrund höhere Zinsen verlangen.
(4) Die Geltendmachung eines weiteren Schadens ist nicht ausgeschlossen. […]

1. Entscheiden Sie, in welchem Sprachstil die letzte Mahnung verfasst werden soll. Begründen Sie Ihre Entscheidung.

2. Klären Sie die Rechtslage und die vertragsrechtlichen Ansprüche der Fleischerei Sorg. Verwenden Sie den Auszug aus dem BGB auf der vorherigen Seite.

3. a) Recherchieren Sie, in welcher Höhe Mahnkosten üblicherweise verlangt werden.

b) **Verfassen Sie ein letztes Mahnschreiben, machen Sie dabei entstandene Kosten geltend.**

4. **Ermitteln Sie, welches Gericht für Ihren Betriebsstandort für das gerichtliche Mahnverfahren zuständig ist. Füllen Sie auf der Homepage des zuständigen Gerichts online einen Antrag auf Erlass eines Mahnbescheids aus.**

5. **Welche Schritte kann Herr Sorg ergreifen, wenn der Mahnbescheid nicht beachtet wird?**

1. Erklären Sie, was man unter **Verjährung** versteht. ______________________________

____

____

2. Ergänzen Sie die Übersicht.

Wichtige Verjährungsfristen

________	________	________	________	________
Ansprüche aus • **vollstreckbaren Titeln,** z. B. Gerichtsurteile • **einem Erbfall**	**Ansprüche** aus **Rechten aus Grundstücken**	**Ansprüche** aus **Mängeln an Bauwerken**	**Ansprüche** aus **Sachmangelhaftung beim Kaufvertrag**	die **regelmäßige Verjährungsfrist** für alle Ansprüche
Die Verjährung beginnt mit ______________________________.				Die Verjährung beginnt ab ________.

3. Geben Sie die Verjährungsfristen an, und stellen Sie fest, wann die Verjährung beginnt und wann sie endet.

Anspruch	Verjährungsfrist	Beginn	Ende	Begründung
P. Straub verkauft seinen Gebrauchtwagen an R. Bosch. Bis 19.02.24 soll Bosch den Kaufpreis von 4 000 € überweisen.	3 Jahre	31.12.2024	31.12.2027	regelmäßige Verjährungsfrist
Seit dem 16.10.23 verlangt Herr Köpf von der Solidbau GmbH, dass die Mängel an seinem neuen Haus beseitigt werden.	________	________	________	________
Herr Blank vergisst die am 20.05.24 fällige Zahnarztrechnung.	________	________	________	________
Die am 05.04.23 gelieferte Waschmaschine ist defekt. Herr Baumann möchte, dass sie vom Händler kostenlos repariert wird.	________	________	________	________
Aufgrund eines rechtskräftigen Urteils vom 16.09.13 hat Herr Salzmann Anspruch auf 5 000 € Schadensersatz.	________	________	________	________
Seit dem 19.02.24 wartet Herr Vogel, dass das Möbelhaus Schluder die defekten Teile seiner Einbauküche austauscht.	________	________	________	________

4. Ergänzen Sie.

bedeutet — **Hemmung der Verjährung** — erfolgt durch

bedeutet	erfolgt durch
________	________
________	________
________	________
________	________
________	________

1. **Uwe Ehrmann erhält von einem Versandhandel drei unbestellte CDs zugeschickt. Uwe ist sich nicht sicher, ob er diese CDs nun zahlen oder nur zurückschicken muss. Sein Kollege empfiehlt ihm, doch einmal bei einer Verbraucherberatungsstelle anzurufen und sich dort beraten zu lassen. Von der Verbraucherberaterin erfährt er, dass unbestellt zugesandte Ware:**

____

____

____

2. Uwe ist erleichtert. „Wie praktisch, dass es solche Beratungsstellen gibt", meint er. In diesem Gespräch erfährt er außerdem: **Verbraucherberatungsstellen haben folgende Aufgaben:**

____

____

____

____

____

Bluetooth-Lautsprecher 8/2020

Produkt	Gewicht (Gramm)	Breite x Höhe x Tiefe ca. (cm)	Mittlerer Preis ca. (Euro)	Ton 65 %	Akku 20 %	Handhabung 10 %	Stabilität 5 %	test-QUALITÄTSURTEIL 100 %	Zuerst veröffentlicht in test
Die Schwergewichte (ab 1000 Gramm)									
Teufel Rockster Cross	2450	39 x 15 x 13	300 1)	++	+	○	++	SEHR GUT (1,4)	8/2020
JBL Xtreme 2	2300	29 x 14 x 13	209	++	+	○	+	SEHR GUT (1,5)	8/2020
Marshall Stockwell II	1349	16 x 18 x 7	186	+	++	+	++	GUT (2,0)	8/2020
Sony SRS-XB41	1443	29 x 11 x 11	149	+	++	○	++	GUT (2,2)	1/2019
Dockin D Cube	1103	10 x 18 x 10	86	+	○	+	++	GUT (2,4)	8/2019
Swisstone BX 580 XXL	2550	32 x 14 x 13	100	+	○	○	+	GUT (2,4)	8/2020
Fresh 'n Rebel Rockbox Bold L	1286	27 x 12 x 12	106	○	○	+	+	BEFRIED. (2,6)	1/2019
Ikea Eneby Art.-Nr. 804.013.86	1821	20 x 21 x 9	70 2)	○	++	+	++	BEFRIED. (2,6)	1/2019
LG PK5	1199	22 x 13 x 13	107	○	○	+	++	BEFRIED. (2,6)	1/2019
JBL Pulse 4	1266	10 x 21 x 10	194	+	+	○	⊖*)	BEFRIED. (2,8)	8/2020
Cambridge Audio Yoyo (S)	1211	25 x 13 x 7	137	++	⊖*)	○	++	BEFRIED. (2,9)	1/2019

Bewertungsschlüssel der Prüfergebnisse: ++ = Sehr gut (0,5–1,5). + = Gut (1,6–2,5). ○ = Befriedigend (2,6–3,5). ⊖ = Ausreichend (3,6–4,5). — = Mangelhaft (4,6–5,5). **Bei gleichem Qualitätsurteil Reihenfolge nach Alphabet.**
***) Führt zur Abwertung.**
1) Preis laut Anbieter-Website. **2)** Preis laut Anbieter-Website inklusive Akku.
Einkauf der Prüfmuster: August 2018 bis April 2020.

3. **Susi Paulus möchte einen Bluetooth-Lautsprecher kaufen. Sie informiert sich über das aktuelle Angebot in mehreren Fachgeschäften und Kaufhäusern. Dabei muss sie feststellen, dass die Auswahl riesig ist. Soll sie das billigste Angebot kaufen? Sind teurere auch wirklich besser? Wer kann ihr bei ihrer Entscheidung helfen? Wie wäre die verbraucherbewussteste Entscheidung?**

____

____

____

____

____

____

____

4. **Setzen Sie im nachfolgenden Text folgende Begriffe ein:** *verschiedenen, gemeinnützig, Preis- und Güteklasse, Industrie, Gewinn, unabhängigen, Untersuchungsmethoden, Herstellern.*

Die Stiftung Warentest wurde von der Bundesregierung als Stiftung des privaten Rechts gegründet. Sie ist ______________________ und darf keinen ______________ erzielen. Bei Tests von Gütern werden in ________________ Geschäften mehrere Produkte zumeist einer gleichen ________________________ gekauft. Von ________________ direkt werden keine Produkte angenommen. Untersuchungen im Auftrag der __________________________ werden nicht durchgeführt. Untersucht werden alle Produkte grundsätzlich bei ____________________ Spezialinstituten, nach den neuesten ____________________________.

5. Nennen Sie weitere **Beratungsmöglichkeiten für Verbraucher.**

____

____

Die wichtigste wettbewerbsrechtliche Regelung ist das **Gesetz gegen den unlauteren Wettbewerb (UWG)**. Es soll den Verbraucher vor dem wettbewerbswidrigen Verhalten einzelner Waren- und Dienstleistungsanbieter schützen. Überprüfen Sie die nachfolgenden Fälle und nennen Sie das jeweils geltende Verbot nach dem UWG.

Fall	Verbot im Rahmen des UWG
1. Der Friseursalon Glatz wirbt in der Lokalpresse mit folgender Anzeige: „**Welchen Beruf hat Ihr Friseur?** Kunden des Salon Schick hören diese Frage öfters, unsere Kunden nie."	
2. Ein Bekleidungsmarkt veranstaltet schon seit fünf Monaten einen Räumungsverkauf wegen Geschäftsaufgabe. Trotz hoher Verkaufsumsätze werden die angebotenen Textilien nicht weniger.	
3. Frau Liebig macht einen Einkaufsbummel. Von einem aufdringlichen Vertreter wird sie auf der Straße angesprochen. Der Vertreter überredet sie einem Buchclub beizutreten und vierteljährlich Bücher für mindestens 30 € zu bestellen. Zu Hause angekommen, bereut sie diese Entscheidung.	
4. Carola erhält unbestellt einen Kunstkalender zugeschickt.	
5. Die Brauerei Pichler verkauft ihr Bier unter dem Werbeslogan: „Das beste Bier der Welt!"	
6. Ein Limonadenfabrikant füllt seine Limonade in Coca-Cola-Flaschen ab.	
7. Eine Metzgerei bietet importierte Hähnchen als „Deutsche Freilandhähnchen" an.	
8. Ein Verbrauchermarkt verkauft Gemüsemais in Dosen unter folgendem Angebot: 1 Dose 0,44 € **3 Dosen 1,35 €**	
9. Der Wirt Arno Specht wirbt in der Zeitung mit folgendem Angebot: „1/2 Liter Bier nur 0,50 €!" Beim Besuch des Lokals erfährt der Gast, dass dieser Preis nur gilt, wenn gleichzeitig ein Essen im Wert von mindestens 10 € bestellt wird.	
10. Ein Verlag verschickt eine Werbung für sein neues Unternehmenshandbuch. In der Werbebroschüre ist eine Liste gescheiterter Unternehmen veröffentlicht zusammen mit der Frage: „Wollen Sie der Nächste sein?"	

Fernabsatzgeschäfte

1. **Martina hat bei einem Onlinehändler eine Lederjacke bestellt. Mutter und Freund sind entsetzt, weil sie in der Jacke fürchterlich aussieht. Ihre Mutter regt sich auf und glaubt, dass sie die 500 € teure Jacke behalten muss. Der Freund dagegen meint, alles wäre halb so schlimm, da der Kauf ein Fernabsatzgeschäft sei. Erläutern Sie, ob ein Fernabsatzgeschäft vorliegt.**

____

____

____

____

2. **Bei Fernabsatzgeschäften hat der Händler besondere Informationspflichten. Nennen Sie diese.**

____

____

____

____

____

____

3. **In welchen Fällen besteht bei Fernabsatzgeschäften kein Widerrufsrecht?**

____

____

____

____

____

____

4. **Wann beginnt die Widerrufsfrist? Ergänzen Sie die Übersicht:**

Die Widerrufsfrist beginnt:

- Mit ________________ der Ware.
- Bei Teillieferungen an dem Tag, an dem die letzte ____________________ eingetroffen ist.
- Bei Abonnements am Tag der ______________________________.

5. **Wie sollte ein Widerruf erfolgen?**

____

____

____

____

6. **Prüfen Sie, ob die nachfolgenden Kaufverträge Fernabsatzgeschäfte sind und ob sie widerrufen werden können.**

Kaufverträge	Fernabsatzgeschäft		Widerrufsrecht		Begründung
	ja	nein	ja	nein	
a) Tanja bestellt online Schuhe. Die gelieferten Schuhe gefallen ihr jedoch gar nicht.					
b) Sven will ein Rasierwasser an den Internetshop zurückschicken, weil er den Geruch nicht mag.					
c) Erwin wird vom örtlichen Fachgeschäft eine reduzierte Waschmaschine geliefert.					
d) Mittels Handy-App bestellt Ulrich eine Party-Pizza.					
e) Nach dem dritten Heft will Mia die abonnierte Frauenzeitschrift nicht mehr lesen.					
f) Nachdem er es ausprobiert hat, will Tom das PC-Spiel an den Internetversand zurückschicken.					
g) Beim Anprobieren gefällt Herrn Gruber das online bestellte Maßhemd gar nicht.					
h) Tim hat im Urlaub Weingläser gekauft. Auf seinen Telefonanruf hin schickt ihm das Fachgeschäft ausnahmsweise weitere 6 Gläser.					
i) Gaby hat im Internet eine Tasche bestellt. Kann sie die Tasche nach 7 Monaten zurückgeben, wenn der Händler nicht über das Widerrufsrecht informiert hatte?					

7. **Welche Folgen hat ein Widerruf für Käufer und Verkäufer?**

§357 BGB Rechtsfolgen des Widerrufs von außerhalb von Geschäftsräumen geschlossenen Verträgen und Fernabsatzverträgen [...]

(1) Die empfangenen Leistungen sind spätestens nach 14 Tagen zurückzugewähren.

(2) Der Unternehmer muss auch etwaige Zahlungen des Verbrauchers für die Lieferung zurückgewähren. [...]

Käufer: ____________________

____

Verkäufer: ____________________

____

8. **Ergänzen Sie den Lückentext über die Hin- und Rücksendekosten bei Fernabsatzverträgen.**

Bei einem Widerruf trägt die Hinsendekosten der ____________________.

Die Kosten der Rücksendung trägt grundsätzlich der ____________________, sofern nichts anderes vereinbart wurde.

„Haustürgeschäfte“

9. **Auch bei so genannten „Haustürgeschäften“ bzw. außerhalb von Geschäftsräumen geschlossenenen Verträgen hat der Käufer ein zweiwöchiges Rücktrittsrecht. Welche Geschäfte fallen unter den Begriff „Haustürgeschäfte“? Nennen Sie drei Beispiele.**

____

____

____

____

10. Nennen Sie zwei Fälle, in denen der Käufer den Schutz des BGB über den **Widerruf von „Haustürgeschäften“** nicht in Anspruch nehmen kann.

Produkthaftungsgesetz

11. Udo Radelmann hat ein neues Trekkingrad gekauft. Bereits bei der ersten Radtour versagen wegen eines Materialfehlers die Bremsen. Udo knallt auf ein parkendes Auto und wird ins Krankenhaus eingeliefert. Prüfen Sie, ob Udo Ansprüche nach dem Produkthaftungsgesetz geltend machen kann.

12. Bearbeiten Sie die folgenden Fälle zum Thema Haustürgeschäfte und Produkthaftung:

Fall	Lösung
Herr Kränklich nimmt ein Grippemittel ein. Da das Mittel heftige Allergiereaktionen auslöst, muss er 14 Tage im Krankenhaus behandelt werden. Herr Kränklich meint, dies wäre ein klarer Fall für das Produkthaftungsgesetz. Hat Herr Kränklich Recht?	
Herr Pfiffig wird beim Bummel durch die Fußgängerzone von Berghausen von zwei freundlichen Mitarbeitern des Europa-Buchklubs angesprochen. Da sie für die Mitgliedschaft ein besonderes Angebot machen, unterschreibt er sofort. Zu Hause bereut er seine Entscheidung. Wie beurteilen Sie den Fall?	
Plötzlich klingelt es an der Wohnungstür. Frau Saubermann steht einem jungen Mann gegenüber, der die „neueste Erfindung auf dem Gebiet der Teppichreinigung“ anpreist. Überredet bestellt sie das Gerät für 149,50 €. Am nächsten Tag plagen sie erhebliche Zweifel. Sie beschließt deshalb, ihr Rücktrittsrecht in Anspruch zu nehmen. Wie sollte Frau Saubermann in diesem Fall vorgehen?	

 146 Datum: ....

... versichert gegen Hundebisse jeder Art; ausgenommen sind lediglich
a) Bisse von männlichen Hunden,
b) Bisse von weiblichen Hunden.
Kastrierte Hunde fallen nicht unter den Begriff Hund ...

Das BGB enthält Vorschriften über **„Allgemeine Geschäftsbedingungen“**. Geben Sie bei den nachfolgenden Fällen an, gegen welche Bestimmungen des BGB verstoßen wurde.

Beispiele	Gegen welche Bestimmungen des BGB zur Regelung der „Allgemeinen Geschäftsbedingungen“ wurde verstoßen?
Herr Sorg hat sich von der Firma Scheuermann einen neuen Blitzableiter installieren lassen. Nach 6 Monaten erscheint Herr Scheuermann um den Blitzableiter „zu warten“. Als Herr Sorg dies ablehnt, erklärt Herr Scheuermann, dass aufgrund seiner Allgemeinen Geschäftsbedingungen mit jeder Blitzableiterinstallation automatisch ein zehnjähriger Wartungsvertrag für diesen abgeschlossen worden sei.	
Karin Knolle bestellt beim Modeversandhaus Bruch eine 199 € teuere Lederjacke. Zwei Wochen später, bei Lieferung, soll sie 228 € bezahlen. Das Versandhaus behauptet, Karin müsse aufgrund der AGB der Firma eine eventuelle Preiserhöhung während der Lieferzeit hinnehmen.	
Sabine Schnell bestellt im September beim Modeversand Bruch einen Wintermantel. Nachdem der Mantel im Februar noch nicht geliefert ist, möchte sie die Bestellung rückgängig machen. Firma Bruch verweist auf ihre AGB, nach denen ein Vertragsrücktritt nicht möglich sei.	
Klaus Staiger kauft bei der Elektrohandlung Blitzer einen MP3-Player für 80 €. Nach vier Monaten setzt das Gerät aus. Als Klaus das Gerät zurückbringt, erklärt ihm Herr Blitzer, dass seine Firma eine Garantie nur für drei Monate übernehmen würde.	
Frau Krause hat in einem Fachgeschäft eine neue Waschmaschine gekauft. Als die Maschine nach drei Monaten defekt ist, verlangt sie ein neues Gerät. Der Händler verweist auf seine Allgemeinen Geschäftsbedingungen. Er ist lediglich bereit eine Reparatur vorzunehmen, und zwar für eine Kostenpauschale von 100 €.	

1. Udo Häcker möchte ein Notebook kaufen. Der Händler räumt zwei verschiedene Zahlungsmöglichkeiten ein:
- 1000 € bei Barzahlung, unter Abzug von 3 % Skonto.
- Zahlung in 24 Monatsraten zu 50 €.

Wie teuer ist das Notebook bei Barzahlung?

Wie teuer ist das Notebook bei Teilzahlung (Ratenkauf)?

Vorteile der Teilzahlung

Nachteile der Teilzahlung

Welche besonderen gesetzlichen Regelungen zum Schutz des Käufers gelten bei einem Ratenkauf?

Zahlungsarten

1.

Harry Häcker räumt seinen Schreibtisch auf; unter anderem möchte er seine bezahlten Rechnungen abheften und noch ausstehende Zahlungen erledigen.	
1	Dem Bäcker um die Ecke schuldet er 7 €, da er die Geldbörse vergessen hatte.
2	Das Fitness-Studio teilt mit, dass sein Monatsbeitrag auf 40 € erhöht wurde.
3	Seiner Nichte will er eine Geburtstagskarte und 50 € zukommen lassen.
4	Die Rechnung des Flaschners für den neuen Wasserhahn beträgt 174,50 €.
5	Seine monatliche Handyrechnung ist auf 86,92 € gestiegen, weil er mehrfach ins Ausland telefoniert hat.
6	Die neue Jeanshose (49 €) hat er mit der Girocard an der Kaufhauskasse bezahlt.
7	Den Strafzettel über 20 € hat er sofort bei der nächsten Bank beglichen.

Man unterscheidet drei verschiedene **Zahlungsarten**. Ergänzen Sie diese in der Übersicht. Stellen Sie außerdem fest, welche Zahlungsart in den Fällen 2–7 jeweils vorliegt, und ergänzen Sie die Übersicht um weitere Beispiele.

____

Es wird **kein Konto** verwendet, da der Zahler Bargeld benutzt.

↓

Beispiele:

- persönliche Geldübergabe 1

____

Es wird **ein Konto** verwendet, entweder das Konto des Zahlers **oder** das des Empfängers.

↓

Beispiele:

____

Konto

Beide, sowohl Zahler als auch Empfänger, verwenden ein **Konto**.

↓

Beispiele:

2. **Kreuzen Sie an, wer bei den folgenden Zahlungsarten ein Konto benötigt. Kreuzen Sie außerdem an, ob eine Barzahlung, eine halbbare oder eine bargeldlose Zahlung vorliegt.**

Beispiel	Zahler hat Konto	Zahlungs-empfänger hat Konto	Keiner hat Konto	Barzahlung	halbbare Zahlung	bargeldlose Zahlung
Geldversand mit Western Union			X	X		
Zahlschein						
Express-Brief						
Banküberweisung						
Verrechnungsscheck						
Debitkarte						
Dauerauftrag						

150–152

Datum: ....

Barzahlung

3. Harry Häcker, Platinenweg 5, 76327 Berghausen, verkauft seinen gebrauchten Motorroller für 500 € gegen bar an Herrn Alfred Sorg, Kelterstr. 10, 98302 Neustadt. Herr Sorg möchte, dass Harry die Zahlung quittiert.

Quittung

Netto EUR ______ Cent ______

\+ % MwSt. EUR ______ Cent ______

Gesamt EUR ______ Cent ______

Nr.

Gesamtbetrag
EUR in Worten
Cent wie oben ______________________

(Im Gesamtbetrag sind ______ % Mehrwertsteuer enthalten)

von ______________________

____

für ______________________

Betrag dankend erhalten.

Ort ______ Datum ______

Buchungsvermerke | Stempel/Unterschrift des Empfängers

a) Füllen Sie anhand der bekannten Angaben den nebenstehenden Quittungsvordruck aus.

b) Weshalb sollten Käufer immer eine Quittung oder einen Kassenzettel verlangen?

____

____

____

____

____

____

____

____

Girokonto

4. a) Harry Häcker sucht ein preiswertes Girokonto. In der Tageszeitung fällt ihm die nebenstehende Anzeige auf. Welche Unterlagen benötigt er zur Kontoeröffnung?

____

____

b) Welche Besonderheiten wären zu beachten, wenn Harry erst 17 Jahre alt wäre?

____

____

____

____

____

DIE KONTO-ERÖFFNUNG IST GANZ EASY.

WICHTIG!
Für Schüler, Auszubildende und Studenten führen wir das Girokonto kostenlos!

5. Über jede Veränderung auf dem Girokonto informiert der **Kontoauszug**.

a) Welche Beträge stehen in der Soll-Spalte des Kontoauszuges, welche in der Haben-Spalte?

____

____

____

____

____

____

Kontonummer	Wert	Text	Soll	Umsätze	Haben
1234567890	28.04.	Überweisung	174,50		
	30.04.	Ausbildungsvergütung			626,50
		Dauerauftrag	40,00		
Bank in Berghausen	30.04.	Lastschrift, Telekom	48,94		
	30.04.	Geldautomat Sparkasse Wa	200,00		
	03.05.	Lastschrift, Kaufmarkt	49,00		

Herrn
Harry Häcker
Platinenweg 5
76327 Berghausen

Alter Saldo	H	210,05
Neuer Saldo	H	324,11

Buch.-Datum	Auszug-Nr.	Blatt-Nr.
04.05.24	36	1

b) Worüber informiert die Wertstellung?

____

____

c) Überprüfen Sie, ob die Zahlungen aus Aufgabe 1 von der Bank richtig verbucht worden sind.

____

6. Harry Häcker kann sein kostenloses Girokonto für Auszubildende nicht mehr beanspruchen. Deshalb sucht er eine neue Bankverbindung. Ermitteln Sie, welche Bank billiger ist, wenn er pro Monat etwa 5 Überweisungen ausführt und durchschnittlich 500 € auf dem Konto hat. Bankgeschäfte will er größtenteils mit dem PC erledigen. Außerdem möchte er eine Girocard und eine Kreditkarte. Er schätzt, dass er die Girocard jeden Monat zehn Mal einsetzt.

Preisverzeichnis von Bank A

Die kostenlose Kontoführung enthält:
- alle Buchungen wie Überweisungen, Lastschriften, Scheckeinrichtungen, Bareinzahlungen
- Daueraufträge einrichten
- Kontoauszug am Kontoauszugsdrucker
- Onlinebanking

Besonderheiten:
- Girocard 10 €, Kreditkarte 20 €
- Zusendung eines Monatsauszugs 1 €

Preisverzeichnis von Bank B

Die Monatspauschale von 4,70 € enthält:
- alle Buchungen wie Überweisungen, Lastschriften, Scheckeinreichungen, Bareinzahlungen
- Daueraufträge einrichten
- Girocard und Kreditkarte
- Kontoauszug am Kontoauszugsdrucker
- Onlinebanking
- Zusendung eines Monatsauszugs

Besonderheiten:
- Girocardnutzer erhalten pro Karteneinsatz 0,10 € als Bonuszahlung.
- 1,25 € monatliche Gutschrift, wenn Kontoauszüge bei Online-Banking elektronisch abgerufen werden

______________________ ______________________

______________________ ______________________

______________________ ______________________

______________________ ______________________

Zahlung mit Überweisung oder Zahlschein

7. Sie erinnern sich: Harry Häcker hat seinen Motorroller für 500 € verkauft. Mit diesem Geld will er die Firma Volt per **Überweisung** bezahlen. Er überweist den Rechnungsbetrag von seinem Girokonto, IBAN DE32600501011234567890, bei der BW Bank, BIC BWBERGH101. Füllen Sie den nachfolgenden Überweisungsauftrag anhand der Rechnung aus.

Elektronikversand – Spezialgeschäft für Elektronik und Computer **Herbert Volt**

Herrn
Harry Häcker
Platinenweg 5
76327 Berghausen

Breitenbachplatz 12
14195 Berlin 30
Telefon (01 00) 56 73 45, Fax (01 00) 56 45 67

Bankkonto:
IBAN DE60100302500020036672
Deutsche Bank AG Berlin
BIC DEUTDEBB105

Rechnung Nr. 3561 **vom** 07.06.2024

Menge	Artikel	Preis €
1	Computermonitor TFT 300	229,00
1	Anschlusskabel	8,80
	+ 19 % Mehrwertsteuer	45,18
	Gesamtpreis, zahlbar innerhalb von 30 Tagen	282,98

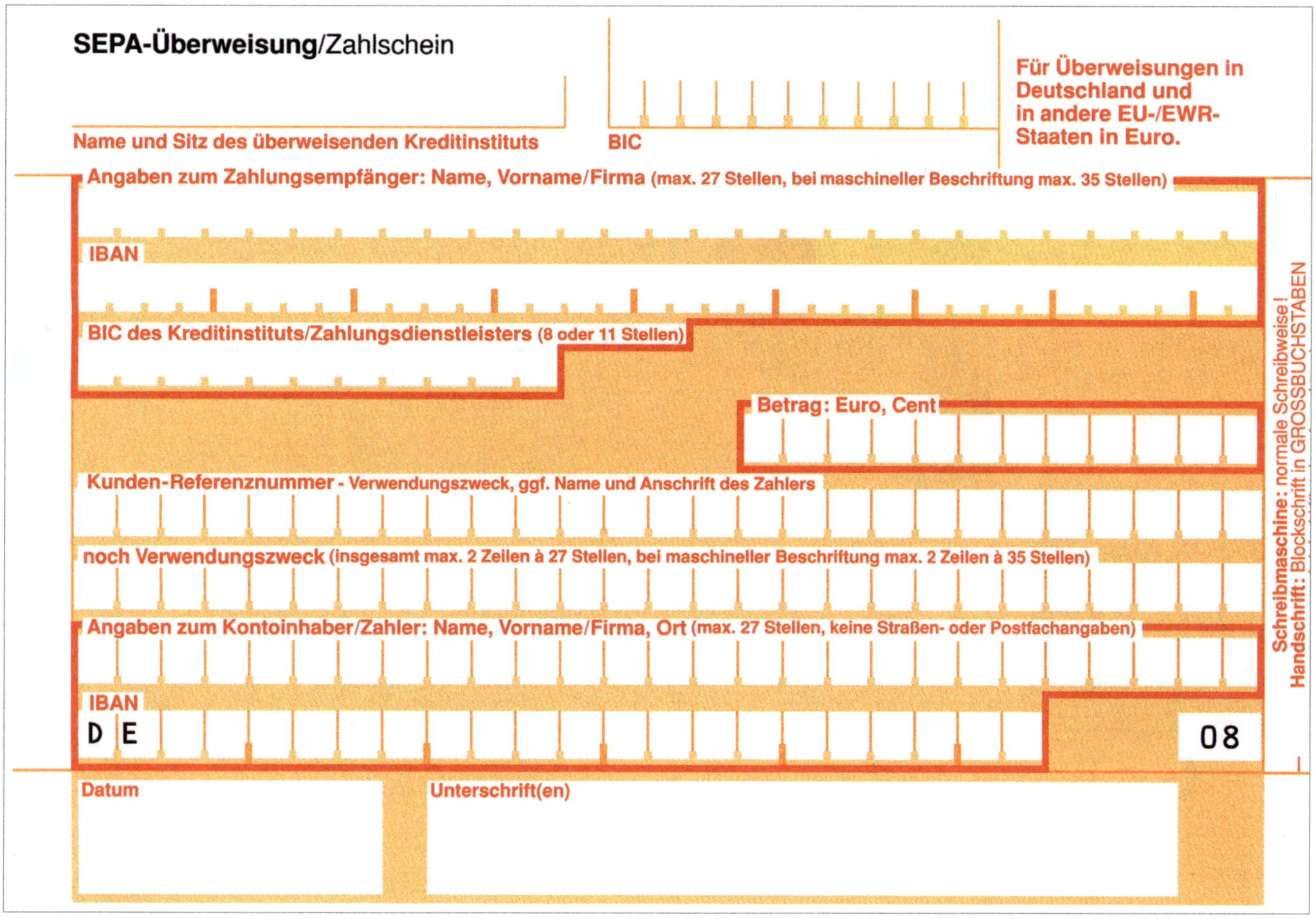
SEPA-Überweisung/Zahlschein

Name und Sitz des überweisenden Kreditinstituts

BIC

Für Überweisungen in Deutschland und in andere EU-/EWR-Staaten in Euro.

Angaben zum Zahlungsempfänger: Name, Vorname/Firma (max. 27 Stellen, bei maschineller Beschriftung max. 35 Stellen)

IBAN

BIC des Kreditinstituts/Zahlungsdienstleisters (8 oder 11 Stellen)

Betrag: Euro, Cent

Kunden-Referenznummer - Verwendungszweck, ggf. Name und Anschrift des Zahlers

noch Verwendungszweck (insgesamt max. 2 Zeilen à 27 Stellen, bei maschineller Beschriftung max. 2 Zeilen à 35 Stellen)

Angaben zum Kontoinhaber/Zahler: Name, Vorname/Firma, Ort (max. 27 Stellen, keine Straßen- oder Postfachangaben)

IBAN

D E

08

Datum

Unterschrift(en)

Schreibmaschine: normale Schreibweise!
Handschrift: Blockschrift in GROSSBUCHSTABEN

8. Wie muss Harry vorgehen, wenn er das oben abgebildete Formular als **Zahlschein** verwenden möchte?

____

9. Ergänzen Sie die Aussagen über den **Dauerauftrag** und die **Einzugsermächtigung (Lastschriftverfahren)**.

Ein **Dauerauftrag** dient zur Zahlung von ____

____

____

Eine schriftliche **Einzugsermächtigung (Lastschriftverfahren)** ist sinnvoll, wenn Zahlungen ____________________

____

____

____

____

Die Einzugsermächtigung kann jederzeit schriftlich ____________________ werden. Unberechtigt abgebuchte Zahlungen müssen sofort zurückgebucht werden, wenn der Kontoinhaber ____________________.

10. **Erläutern Sie den abgebildeten Zahlungsvorgang bei einer Debit-Zahlung.**

Büro Mustermann
STUTTGART KOENIGSTRASSE

KONICA KOPIERER	239,95
208000348447	
LAPTOPTASCHE	35,00
208000348449	
TOTAL:	**274,95**

Girocard: 274,95
BLZ: 60030512
Konto-Nr.: 00000912789
0293 010017 216 29.04.24 16:21
VIELEN DANK FUER IHREN EINKAUF

1. Der Verkäufer tippt den ______________________ in die Kasse ein.
2. Die Girocard wird an das ______________________ gehalten.
3. Der Kunde tippt seine ______________________.
4. Nach Überprüfung der ______________________ wird der Betrag vom ______________________.
5. Der Kunde erhält einen ______________________.

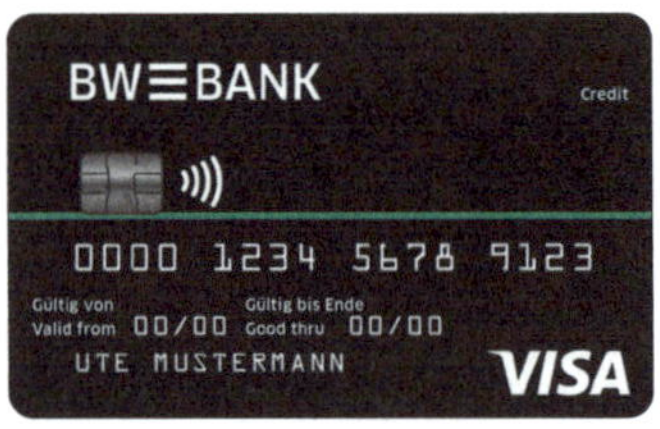

11. **Vervollständigen Sie den Lückentext, wie mit Kreditkarte an modernen Lesegeräten bezahlt wird. Verwenden Sie folgende Begriffe:** *abbuchen, Kreditkarte, Kopie, Rechnungen, Kontrolle, Girokonto, unterschreibt, Kartengesellschaft, PIN*

Der Kartenkunde hält seine ______________________ an das Lesegerät. Danach ______________________ der Kunde die ausgedruckte Rechnung oder gibt seine ______________ ein und erhält eine ______________ zu seiner ______________. Je nach Abrechnungszeitraum der ______________________ erhält er dann eine Abrechnung über alle ______________________, die in diesem Zeitraum angefallen sind. Die Kartengesellschaft verfügt über eine Einzugsermächtigung und lässt den Gesamtbetrag vom ______________________ des Karteninhabers ______________.

12. **Vervollständigen Sie die Zusammenfassung über die Zahlung mit Karten.**

Zahlung mit Karten

girocard
____
Zahlung mit
____
____

maestro
____
(weltweit)
Zahlung mit
____
____

SEPA Lastschrift
____
Elektronisches Lastschriftverfahren (ohne Zahlungsgarantie)
Zahlung mit
____
____

VISA mastercard
____
Zahlung mit
____
____
____
____

13. **In der Schalterhalle von Harrys Bank hängt nebenstehendes Plakat, mit dem für Homebanking oder Internetbanking geworben wird.**
Welche Ausrüstung benötigt Harry, wenn er am Internetbanking teilnehmen möchte?

____
____
____

1. Manuela Clever hat eine Ausbildung als Bäckereiverkäuferin begonnen. Einen Teil ihrer Ausbildungsvergütung möchte sie zukünftig sparen. Dabei fragt sie sich, wozu man überhaupt spart und wie sie ihr Geld gut anlegen könnte. Ergänzen Sie die Übersicht.

Wofür spare ich?

↑

Sparzweck

Wie kann ich das Geld gut anlegen?

↑

Anlageform

2. Manuela Clever muss sich nun entscheiden, welche Anlageform bzw. welche Sparform sie wählt. Eine schwierige Entscheidung, die gut überlegt sein will. Von welchen Faktoren hängt die Wahl einer bestimmten Geldanlage ab?

Anlagekriterien

3. Nicht jede Sparform ist für jeden Zweck geeignet. Welche Sparformen würden Sie im folgenden Fall wählen?

Eva Nott, Friseurin, ist 18 Jahre alt. Sie erbt überraschend 20 000 €. Erst vor drei Monaten hat sie einen Kredit zum Kauf eines Gebrauchtwagens aufgenommen. In einigen Jahren will sie die Meisterprüfung ablegen und einen eigenen Salon eröffnen.

Geeignete Sparform(en): ______________________

Begründung: ______________________

4. **Ein Sparer hat sein Geld auf einem Sparkonto mit dreimonatiger Kündigungsfrist angelegt. Erläutern Sie, wie er über sein Geld verfügen kann.**

____

____

____

5. **a)** Weshalb ist das **Aktiensparen** eine der risikoreichsten Sparformen?

____

____

b) Welche Gewinnmöglichkeiten bietet normalerweise eine Aktie?

____

____

Inhaberschuldverschreibung in Höhe von 100 € mit 5,0 % jährlicher Verzinsung

6. **Weshalb gelten festverzinsliche Wertpapiere als sichere Geldanlage? Ergänzen Sie den Lückentext durch folgende Begriffe:** *Kurs, Kredit, Unternehmung, Laufzeit, steigt, Einstandskurs, 100 %igen, Kursschwankungen, fällt.*

Mit einer **Aktie** beteiligt man sich an einer ____________________, ihrem Vermögen und ihren Fähigkeiten. Ändert sich beispielsweise deren Ertragsaussicht, dann kann sich der ______________ verschlechtern, teilweise unter den ____________________. Bei **festverzinslichen Wertpapieren** gewährt man dem Aussteller des Papiers einen ____________. Nach Ablauf der vereinbarten ____________ wird dieser in voller Höhe zurückgezahlt. Während der Laufzeit kann es zu ___________________________ kommen. Dies ist der Fall, wenn der Kapitalmarktzins gegenüber dem Wertpapierzins ___________ oder ________. An der ______________ Endauszahlung ändert sich dadurch nichts.

Sparförderung

7. **Vervollständigen Sie die Übersicht über die staatliche Sparförderung im Jahr 2024 für einen ledigen Arbeitnehmer.**

Anlageart	Merkmale	Ertrag	Festlegungsfrist
 ______________	• ______________ können pro Jahr begünstigt angespart werden. • Der Bausparer hat Anspruch auf ein zinsgünstiges ______________.	• _____ % Sparzulage von maximal 470 € • _____ % Wohnungsbauprämie von maximal 700 €	• in der Regel _____ Jahre
 ______________ ______________	• __________ pro Jahr können begünstigt angespart werden. • Mit den Sparbeträgen werden Beteiligungspapiere gekauft, z. B.: ______________________ ______________________.	• _____ % Sparzulage von maximal 400 €	• in der Regel _____ Jahre

1. Nennen Sie die drei wichtigsten **Kreditarten** für Privatpersonen.

____

____

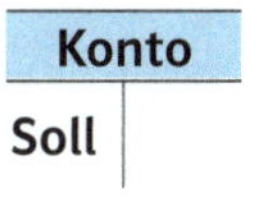

____

____

____

____

2. Ergänzen Sie anhand der vorgegebenen Kriterien den Unterschied zwischen einem Konsumentenkredit und einem Dispositionskredit (Überziehungskredit).

	Konsumentenkredit (Ratenkredit):	Dispositionskredit (Überziehungskredit):
Kreditzweck		
Laufzeit		
Rückzahlung		
Zinssatz		
Abschluss (Form)		

3. Familie Berger will ein neues Auto kaufen und das alte in Zahlung geben. Insgesamt fehlen noch 5000,00 €. Diese sollen durch einen **Ratenkredit** finanziert werden. Die Familie hat jeden Monat folgende Einnahmen und Ausgaben:

Einnahmen:		Ausgaben:	
• Nettoeinkommen	2 468,50 €	• Miete inkl. Nebenkosten	870,00 €
		• Lebenshaltungskosten	650,00 €
		• laufende Kfz-Kosten	280,00 €
		• sonstige Ausgaben (Versicherungen, Sparverträge usw.)	175,00 €

a) Welchen Betrag hat Familie Berger jeden Monat zur freien Verfügung?

____

b) Die Bank macht folgendes Kreditangebot: 4,3 % Zins pro Jahr, Tilgung in 24 Monatsraten. Berechnen Sie den Rückzahlungsbetrag, die monatliche Kreditrate und beurteilen Sie die Kreditwürdigkeit der Familie.

Kreditbetrag ___________

_______________________________________ ___________

= **Rückzahlungsbetrag** ___________

Monatliche Kreditrate: _______________________________________

Kreditwürdigkeit: _______________________________________

4. **Eine wichtige Voraussetzung für jede Kreditgewährung ist das Vorhandensein von entsprechenden Sicherheiten. Geben Sie an, welche Kreditsicherheit jeweils zugrundegelegt wurde.**

Martinas neuer Fernseher wurde mit einem Anschaffungsdarlehen finanziert. Das Gerät steht zwar in ihrer Wohnung, aber bis zur vollständigen Tilgung des Kredits gehört es der Bank.	Frau Bauers Arbeitgeber zieht jeden Monat vom Nettolohn noch die Raten für ihren Bankkredit ab.	Damit Klaus mit seiner geringen Ausbildungsvergütung ein Bankkredit zum Gebrauchtwagenkauf eingeräumt wird, verpflichten sich seine Eltern, notfalls die ausstehenden Raten zu übernehmen.
↓ ______	↓ ______	↓ ______

5. **Über drei Millionen Haushalte sind überschuldet. Wie sollten sich Kreditnehmer verhalten, die in Zahlungsschwierigkeiten sind?**

6. Ergänzen Sie die Abbildungen über das **Zustandekommen eines Kreditvertrags.**

Der Kreditgeber (Bank, Sparkasse)

prüft ______ ______.

z. B.: – Einkommen
– bereits vorhandene finanzielle Verpflichtungen bzw. Schulden des Kreditnehmers

↓

verlangt unter Umständen zusätzliche Sicherheiten: ______.

Der Kreditnehmer (Kunde)

ermittelt die für ihn tragbare ______.

↓

vergleicht verschiedene Kreditangebote bezüglich ______.

Kredit-vertrag

1. Beschreiben Sie die Karikatur.

____

____

____

____

____

____

____

____

____

____

____

2. Ergänzen Sie die Übersicht über Maßnahmen, die helfen, den Überblick über Einnahmen und Ausgaben zu behalten und eine Überschuldung zu vermeiden.

Maßnahmen zur Vermeidung von Überschuldung
• auf Anschaffungen sparen statt Sofortkauf mit ______________________
• mit ______________________ Überblick über Einnahmen und Ausgaben verschaffen
• Teil des Einkommens sparen für ______________________________
• Überblick behalten: Rechnungen und Mahnungen abheften, sortieren und ____________________ bezahlen
• nicht durch Werbung beeinflussen lassen, sondern überlegen, ob die Anschaffung wirklich _______________ ist
• Kredit nur für _____________________ Dinge, z. B. PKW für Arbeitsplatz, nicht für Urlaubsreise

3. Rund 5,65 Millionen Menschen sind überschuldet und können ihren Zahlungsverpflichtungen nicht nachkommen. Mit rund 745 000 ist der Anteil junger Erwachsener sehr hoch. Erläutern Sie die wichtigsten Aussagen des Schaubildes.

____

____

____

____

____

____

____

____

____

____

Überschuldung von Privatpersonen

Durchschnittlich 30 900 € Schulden hatten 2023 Schuldner, die von Schuldnerberatungsstellen beraten wurden.
Hauptauslöser für die Überschuldung waren (in Prozent):

Quelle: Statistisches Bundesamt

4. Um eine Überschuldung zu vermeiden, muss man seine Ausgaben im Auge behalten. Eine wichtige Hilfe, um sich einen Überblick über die eigenen Einnahmen und Ausgaben zu verschaffen, ist der Haushaltsplan.

a) Schätzen Sie, wie viel Euro Sie monatlich ausgeben können.

____

____

b) Ermitteln Sie mit Hilfe des nachfolgenden Haushaltsplanes den genauen Betrag.

____

____

c) Vergleichen Sie das exakt ermittelte Ergebnis mit dem geschätzten Betrag und beurteilen Sie Ihre derzeitige Situation.

____

____

____

____

Haushaltsplan		
Einnahmen pro Monat		
Nettoeinkommen		
Sonstige Einnahmen		
Gesamteinnahmen		
Ausgaben pro Monat		
Wohnung	Miete mit Nebenkosten	
	Strom	
	GEZ-Gebühren	
Haushalt	Lebensmittel	
	Kleidung	
	Versicherungen	
	Sonstiges	
KFZ-Kosten	Versicherung, Steuer	
	Tanken	
	Finanzierung	

5. Wann sollte man sich spätestens an eine Schuldnerberatungsstelle wenden?

____

____

____

6. Es gibt gewerbliche und gemeinnützige Schuldnerberatungsstellen. Suchen Sie im Internet drei gemeinnützige Schuldnerberatungsstellen in Ihrer Nähe.

____

____

____

7. In welchen Arbeitsschritten geht eine Schuldnerberatungsstelle normalerweise vor?

Analyse der Situation ______________________________

____

____

Hilfsangebot ______________________________

____

____

____

8. **In vielen Fällen können sich die Betroffenen nicht aus eigener Kraft aus Ihrer Überschuldung befreien. In diesem Fall kann eine Verbraucherinsolvenz die letzte Rettung sein. Ergänzen Sie die Übersicht Wege aus der Überschuldung durch folgende Begriffe:** *Wohlverhaltensphase, Restschuldbefreiung, Überschuldung, Schuldnerberatung, außergerichtlicher Schuldenbereinigungsversuch, gerichtliche Verbraucherinsolvenz*

____

Schuldner kann Zahlungsverpflichtungen nicht erfüllen.

↓

______________________________ → erfolgreich → **Entschuldung**

- Übersicht über Einnahmen und Ausgaben
- Ausgaben verringern
- Mit Gläubigern verhandeln

↓ erfolglos

______________________________ → erfolgreich → **Entschuldung**

mit allen Gläubigern

↓ erfolglos

____

- Verwertung des pfändbaren Vermögens
- Verteilung des Erlöses an die Gläubiger
- Feststellung der Restschulden

↓

____

- Annahme jeder bezahlten Arbeit
- Abgabe des pfändbaren Verdienstes an die Gläubiger
- Anzeige von Arbeits- und Wohnortswechsel

↓ Nach 3 bis 6 Jahren

______________________________ → erfolgreich → **Entschuldung**

9. **Ergänzen Sie den Lückentext zum Verbraucherinsolvenzverfahren durch folgende Begriffe:** *Kreditwürdigkeit, Banken, Kredit, Privatinsolvenzen, Schufa, Handy-Vertrag, Schulden*

Das Verbraucherinsolvenzverfahren sollte nur als wirklich allerletzte Lösung gewählt werden. Abgewickelte ______________________ werden bei der ______________ registriert. So verliert die von Schulden befreite Privatperson zwar ihre ______________, aber auch ihre ______________________. Noch Jahre später wird sie Mühe haben einen ______________ zu erhalten. Mobilfunkanbieter werden keinen ______________ abschließen, ______________ werden keine Girocards und Kreditkarten ausstellen usw.

177, 270

Datum:

Kreditvergleich

Gründe einen Kredit aufzunehmen gibt es viele. Er scheint eine einfache und schnelle Lösung zu sein, um z.B. ein neues Auto zu bezahlen, eine teure Urlaubsreise zu begleichen oder eine neue Küche zu finanzieren. Wie sollte man sich also verhalten, wenn man einen Kredit braucht?

Zunächst: Nichts überstürzen, in Ruhe vergleichen, sich von mehreren Seiten beraten lassen - rechnen. Nur wer gründlich Zinssätze und andere Kreditkonditionen verglichen hat, kann sicher sein, dass der aufgenommene Kredit sich nachträglich nicht als überteuert herausstellt.

Der erste Weg sollte zur Hausbank führen. Hier kann man sich vor Ort beraten lassen. Das persönliche Gespräch hat viele Vorteile. Die Hausbank kennt die finanzielle Situation des Kreditnehmers am besten. Dies erleichtert die Beratung sowie die Entscheidung für oder gegen eine Kreditvergabe. Im persönlichen Gespräch vor Ort kann man sich auch verschiedene Kreditvarianten ausrechnen lassen, z.B. mit längeren Laufzeiten und unterschiedlich hohen Monatsraten.

Ob aber das Kreditangebot der Hausbank günstig ist oder teuer, kann man nur durch einen Vergleich herausfinden. → Daher sollte man sich von mehreren Banken beraten lassen.

Viele Banken verzichten auf ein aufwendiges Filialnetz und bieten Kredite direkt über das Internet an. Da diese sogenannten Direktbanken geringere Verwaltungskosten haben, können hier Kreditkonditionen oft besser sein als bei der Hausbank.

Mazda MX5 - 10 900 € Erstzulassung 02/13, 80 000 km, 93 KW/126 PS

Problemsituation:

Sie haben vor wenigen Wochen Ihre Ausbildung beendet und eine neue Stelle angetreten. Sie verdienen nun rund 1950 € netto. Allerdings ist Ihr neuer Arbeitsplatz mit öffentlichen Verkehrsmitteln nur sehr schlecht zu erreichen. Deshalb wollen Sie ein gebrauchtes Auto kaufen.

Ein Kollege bietet Ihnen das abgebildete Auto zu einem absoluten „Freundschaftspreis" von 10 900 € an.

Leider haben Sie nur 1500 € Ersparnisse. Ihre Großeltern schenken Ihnen für die bestandene Gesellenprüfung 1000 €; von Ihren Eltern bekommen Sie aus diesem Anlass sogar 2 000 €. Den Rest müssen Sie über einen Bankkredit finanzieren.

Arbeitsauftrag:

Arbeiten Sie in Gruppen zusammen.

1. Legen Sie die persönliche Situation eines Gruppenmitgliedes zugrunde. Überprüfen Sie Ihre finanzielle Situation genau. Berücksichtigen Sie alle monatlichen Ausgaben wie z.B. die Handyrechnung, Versicherungen (z.B. ca. 95 € pro Monat für das Auto, 108 €/Jahr Kfz-Steuer usw.) und ermitteln Sie, wie viel Geld von Ihrem Nettoeinkommen am Monatsende übrig bleibt, um einen Kredit zurückzuzahlen.
2. Entscheiden Sie, wie hoch die Monatsraten sein können, und berücksichtigen Sie, dass unvorhergesehene Ereignisse eintreten können.
3. Suchen Sie anschließend im Internet ein günstiges Kreditangebot für den benötigten Kredit.

→ **Präsentieren** Sie der Klasse das Ergebnis Ihrer Recherche und begründen Sie Ihre Entscheidung.

Suchhilfen:

Geben Sie in einer Suchmaschine Stichworte wie **Kreditvergleich, Kreditvergleichsrechner, Privatkredit Vergleich** ein. Nutzen Sie bei der Recherche keine Vergleichsrechner, bei denen Sie persönliche Daten wie die E-Mailadresse eingeben müssen.

Vorgehensweise bei Arbeitsauftrag 3:

Vergleichen Sie immer Angebote mit gleichem Kreditbetrag und gleicher Laufzeit, berücksichtigen Sie den effektiven Jahreszins. Dann wird sehr schnell ersichtlich, welche Angebote günstig und welche sehr teuer sind.

1. Arbeiten Sie in Gruppen zusammen. Legen Sie die persönliche Situation eines Gruppenmitgliedes zugrunde. Überprüfen Sie Ihre finanzielle Situation genau. Berücksichtigen Sie alle monatlichen Ausgaben wie z. B. die Handyrechnung, Versicherungen und ermitteln Sie, wie viel Geld von Ihrem Nettoeinkommen am Monatsende übrig bleibt, um einen Kredit zurückzuzahlen.

Haushaltsplan		
Einnahmen pro Monat		
Nettoeinkommen		
Sonstige Einnahmen		
Gesamteinnahmen		
Ausgaben pro Monat		
Wohnung	Miete mit Nebenkosten	
	Strom	
	GEZ-Gebühren	
Haushalt	Lebensmittel	
	Kleidung	
	Versicherungen	
	Sonstiges	
KFZ-Kosten	Versicherung, Steuer	
	Tanken	
	Finanzierung	
Öffentliche Verkehrsmittel		
Telefon/Handy		
Freizeit (Disco, Kino usw.)		
Sparen	Rente	
	Bausparen	
	Sonstiges	
Sonstige Ausgaben (z. B. Fitnessstudio)		
– Gesamtausgaben		
= monatlich frei verfügbarer Betrag		

2. Entscheiden Sie, wie hoch die Monatsraten sein können, und berücksichtigen Sie, dass unvorhergesehene Ereignisse eintreten können.

3. Suchen Sie anschließend im Internet ein günstiges Kreditangebot für den benötigten Kredit.

1. Ergänzen Sie die unvollständige Abbildung und erläutern Sie, was man unter einem Markt versteht.

Markt

← ______________________

← ______________________

Als **Markt** bezeichnet man ____

____

Beispiele: ____

Marktarten

2. Nach der Art der gehandelten Güter unterscheidet man verschiedene Marktarten. Nachfolgend sind einige davon aufgeführt. Ergänzen Sie die Übersicht.

gehandelte Güter	Marktart
menschliche Arbeitskraft	
	Immobilienmarkt
ausländische Zahlungsmittel	
Güter, die in den Betrieben zur Produktion verwendet werden, z. B. Computer, Maschinen	
Güter für die Endverbraucher, wie z. B. Nahrungsmittel, CDs	
langfristige Kredite, die von den Kreditinstituten zur Verfügung gestellt werden	

Marktformen – Verhalten der Marktteilnehmer

3. Nach der **Anzahl der Marktteilnehmer** unterscheidet man verschiedene **Marktformen.** Tragen Sie diese in die Übersicht ein.

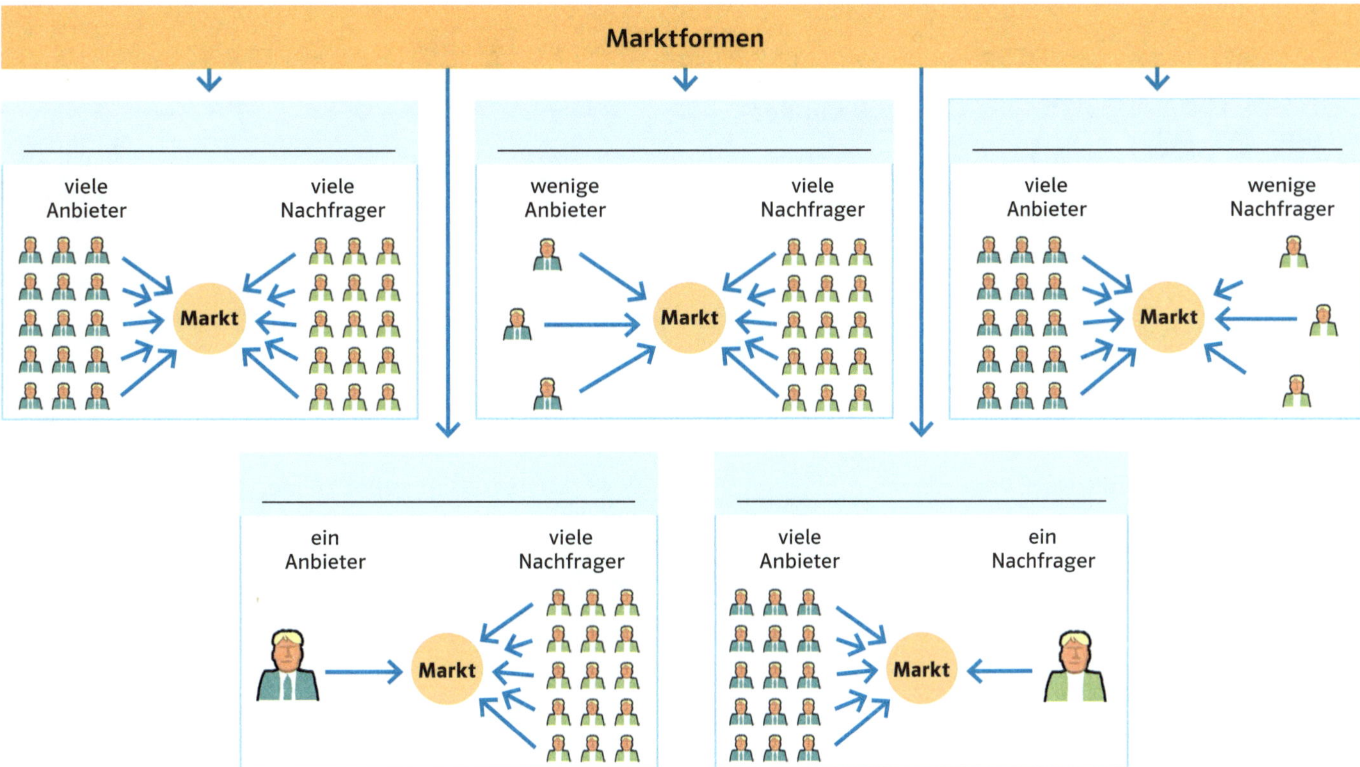

4. Auf welche Marktform wird hingewiesen? Kreuzen Sie an.

Beispiele	Polypol	Angebots-oligopol	Nachfrage-oligopol	Angebots-monopol	Nachfrage-monopol
der Benzinmarkt Deutschlands					
der Aktienhandel an der Berliner Wertpapierbörse					
Trinkwasser liefert das Wasserwerk der Gemeinde.					
Vielen Winzern eines Weinbaugebietes stehen wenige Kellereien gegenüber.					
U-Boote und Kriegsschiffe werden innerhalb Deutschlands nur von der Deutschen Marine gekauft.					
die patentierte Erfindung eines Unternehmers					
der Wochenmarkt in Ihrer Heimatstadt					
der Kaffeemarkt in Deutschland					
Nur der Staat kauft Polizeiuniformen.					
Brotkäufer können unter vielen Bäckereien wählen.					
der Automarkt in Deutschland					

5. **Ergänzen Sie den Lückentext.**

Die Marktformen wirken sich unterschiedlich für die Nachfrager aus. Am günstigsten ist das ____________________, da sich hier viele Anbieter um die Nachfrager bemühen. Beim ____________________ besteht die Gefahr, dass die wenigen Anbieter ihre ______________ absprechen. Die ungünstigste Marktform ist das ______________ ______________, hier gibt es nur einen Anbieter, der die Preise ohne Rücksicht auf die Konkurrenz festsetzen kann.

Preisbildung bei vollständiger Konkurrenz

1. Geben Sie in beiden Beispielen an, wie sich der Preis entwickelt, und füllen Sie den Lückentext aus.

Beispiel 1:

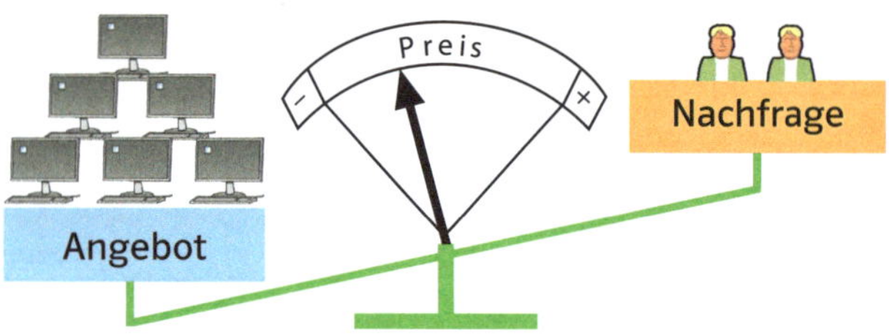

Folge: Der Preis ______________________.

Beispiel 2:

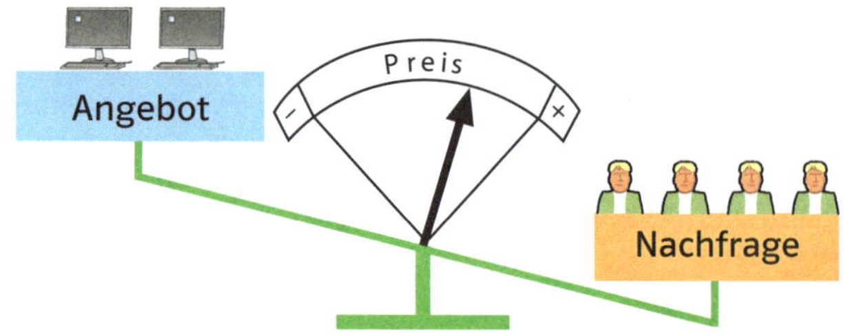

Folge: Der Preis ______________________.

Der Preis eines Gutes wird bestimmt durch __________________ und __________________. Ist die angebotene Menge größer als die Nachfrage, dann ______________ der Preis. Ist das Angebot kleiner als die nachgefragte Menge, dann ________________ der Preis.

2. Angebot und Nachfrage bestimmen den Preis einer Ware. Der Preis wiederum wirkt sich auf die angebotene und auf die nachgefragte Menge aus. Ergänzen Sie das Schaubild (vereinfachte Darstellung).

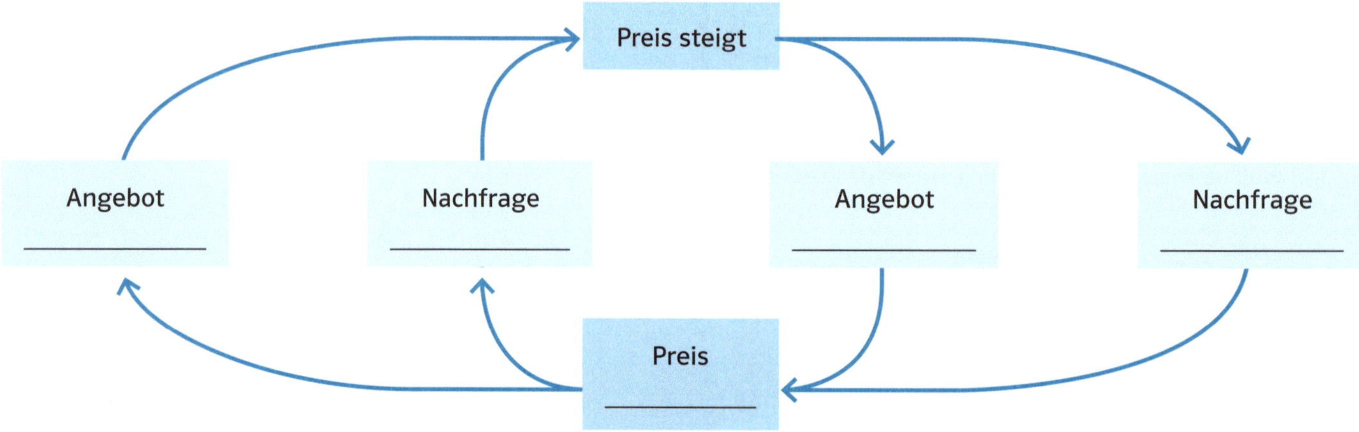

3. Auf einem Großmarkt entwickelten sich Angebot und Nachfrage nach einer bestimmten Obstsorte folgendermaßen:

Marktpreis je kg	nachgefragte Menge	angebotene Menge	verkaufte Menge
1,00 €	5000 kg	1250 kg	1250 kg
1,50 €	3750 kg	2150 kg	2150 kg
2,00 €	2850 kg	2850 kg	2850 kg
2,50 €	2350 kg	3400 kg	2350 kg
3,00 €	1900 kg	3850 kg	1900 kg
3,50 €	1550 kg	4250 kg	1550 kg
4,00 €	1250 kg	4600 kg	1250 kg

Aufgabenstellung siehe nächste Seite →

a) Tragen Sie in dem nachfolgenden Koordinatensystem folgende Begriffe ein: *Gleichgewichtspreis, Gleichgewichtsmege, Angebotskurve, Nachfragekurve.*

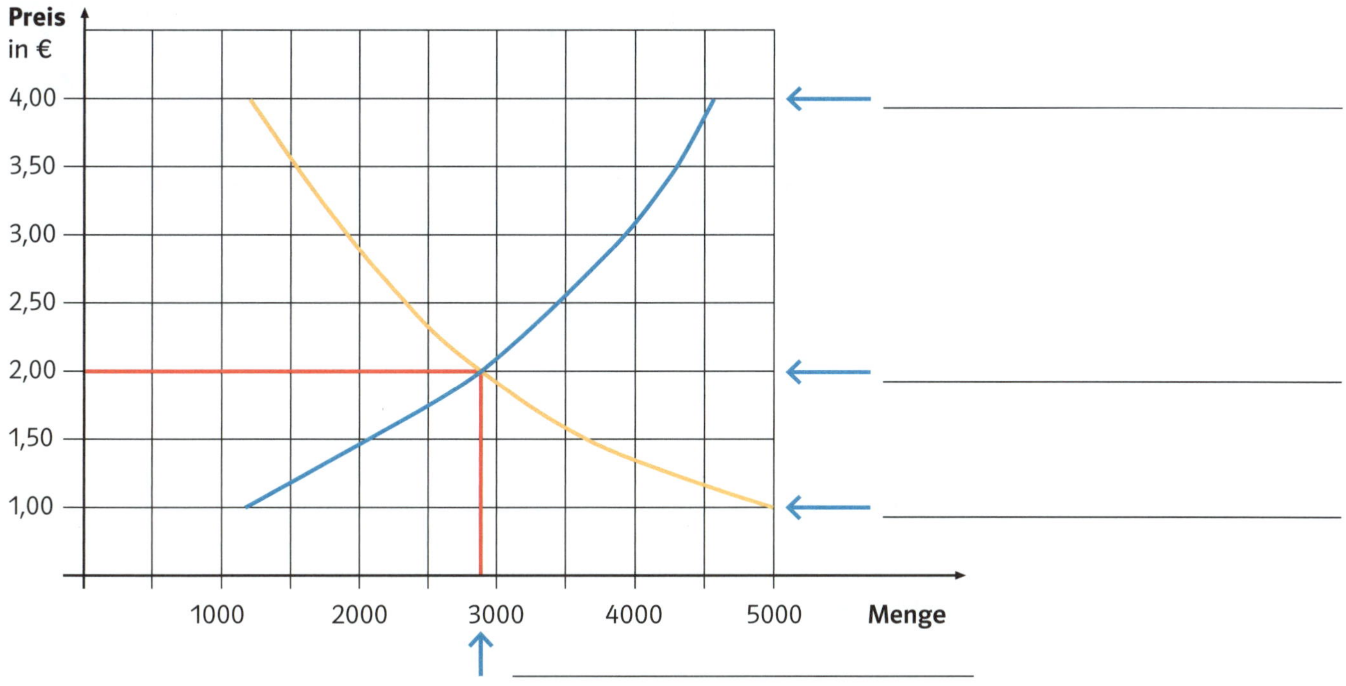

b) Ergänzen Sie anhand des Schaubildes folgende Feststellungen:

Der **Gleichgewichtspreis** beträgt ________ € , hier wird ______________________________

Bei der **Nachfragekurve** ist folgendes Verhalten festzustellen: niedrige Preise bewirken eine ____________ Nachfrage, hohe Preise bewirken eine ____________ Nachfrage.

Bei der **Angebotskurve** ist folgendes Verhalten festzustellen: niedrige Preise bewirken ein ____________ Angebot, hohe Preise bewirken ein ____________ Angebot.

Preisbildung bei eingeschränkter Konkurrenz

4. a) Infolge der zunehmenden Unternehmenskonzentration entstehen immer mehr Angebotsoligopole. Nennen Sie hierzu zwei Beispiele:

____

b) Die Preisbildung beim Angebotsoligopol wird nicht nur vom Verhalten der Nachfrager bestimmt, sondern auch von den Reaktionen der Konkurrenten. Typische Strategien sind: *ruinöse Konkurrenz, Preisabsprachen, Preisführung, Qualitätswettbewerb*. **Setzen Sie diese Begriffe in das Schaubild ein.**

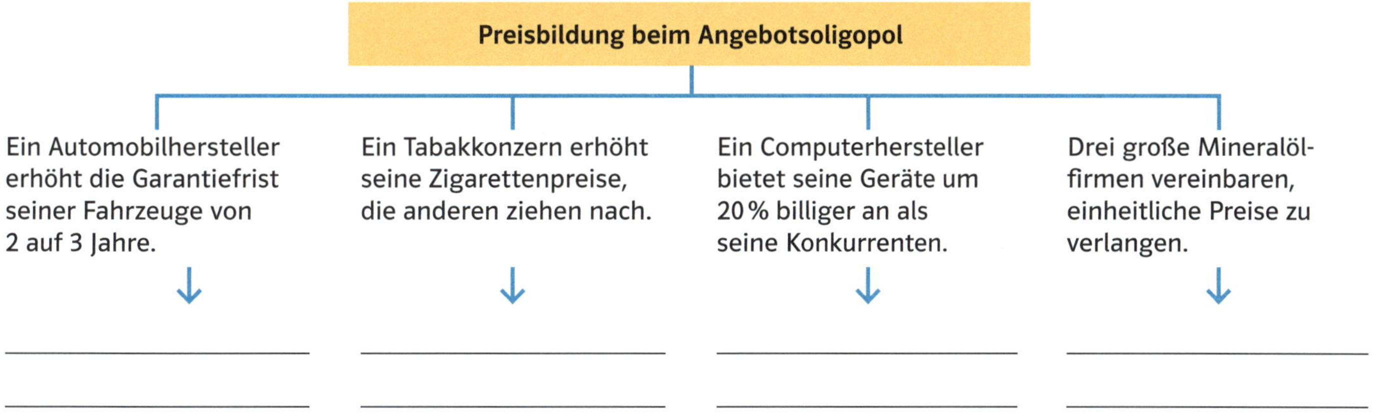

Staatliche Einflüsse auf die Preisbildung

5. **Der Staat hat verschiedene Möglichkeiten, um die Preisbildung zu beeinflussen. Ergänzen Sie den Lückentext um folgende Begriffe:** *Höchstpreise, Nachfrage, Bauleistungen, Steuern, Tabaksteuer, Mindestpreise*

- Er kann die ____________________ auf bestimmte Güter erhöhen oder senken und somit deren Endverkaufspreis beeinflussen, z. B. die Erhöhung der ______________________________.
- Der Staat kann selbst als Nachfrager auftreten und so die Preisbildung beeinflussen, indem er z. B. ____________________ nachfragt.
- Der Staat zahlt Subventionen, was die ____________________ erhöht und somit die Preise beeinflusst.
- Er kann ______________________________ festsetzen.
- Er kann ______________________________ festlegen.

6. **Erläutern Sie die nebenstehenden Abbildungen. Auf welche staatliche Preisbeeinflussung weisen sie hin und welche Folgen ergaben sich dadurch?**

____

____

____

____

____

____

____

____

____

____

7. **Die Mitgliedstaaten der EU betreiben eine gemeinsame Agrarpolitik (Landwirtschaftspolitik), um die landwirtschaftliche Produktion zu sichern, Verbraucher zu vernünftigen Preisen mit Nahrungsmitteln zu versorgen und den Landwirten ein angemessenes Einkommen zu ermöglichen.**

Um dies zu erreichen, griff die EU in der Vergangenheit in den Agrarmarkt ein. Welches Problem und welche Folgen ergaben sich durch diese Eingriffe?

____

____

____

____

____

____

____

____

____

193
Datum:

Preisbildung

Problemsituation:
Milch war lange Zeit extrem billig, weil die Bauern zu viel produzierten. Die Milchproduktion brachte Deutschlands Bauern in der Vergangenheit nur eins – Verluste. Zwischen 60 und 100 Cent kostete der Liter Milch im Supermarkt. Ein Preis, der Milchbauern große Sorgen bereitete. So erhielten sie beispielsweise 2020 von den Molkereien nur rund 34 Cent für einen Liter, benötigten jedoch mindestens 42 Cent, um kostendeckend zu arbeiten.
Im Herbst 2023 dagegen kostete der Liter Milch im Supermarkt zwischen 1 Euro und 1,60 Euro. Die Milchbauern erhalten von den Molkereien mittlerweile nur noch rund 40 Cent für einen Liter. Deshalb sehen viele Landwirte ihre Existenz gefährdet, da zusätzlich die Erzeugerkosten viel schneller steigen, als die Erlöse das ausgleichen können. Ursache sind extrem gestiegene Preise für Futtermittel, Dünger und Energie sowie zusätzliche Vorschriften zu Tierwohl und Düngeverordnung.
Auch die Molkereien stehen unter enormem Preisdruck durch die großen Handelsketten. 120 Molkereien stehen nur sechs bis acht große Einzelhandelskonzerne gegenüber. Da

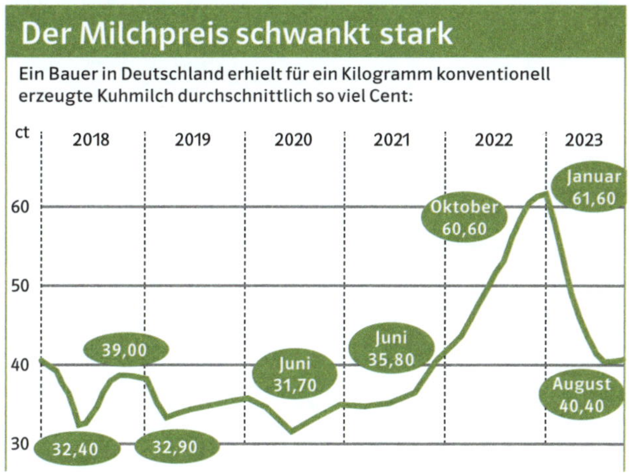

die Preise im deutschen Lebensmittelhandel hart umkämpft sind, versuchen die Handelsketten andauernd, die Preise der Molkereien zu drücken – auf Kosten von Tierwohl, Molkereien und Bauern. Die Landwirte fordern deshalb eine besseres „Miteinander", damit die Erzeuger nicht leer ausgehen, während der Lebensmittelhandel prächtig verdient.

Arbeitsauftrag:

1. Geben Sie an, welches Verhalten der großen Lebensmittelketten die Landwirte im abgebildeten Zeitungsartikel kritisieren.
2. Welche Marktform liegt auf dem beschriebenen Markt für Milch vor? Begründen Sie Ihre Antwort.
3. Begründen Sie, für welche Marktteilnehmer das Verhalten der Lebensmittelketten von Vorteil ist.
4. Wodurch ist der Preisverfall bei Milch in den Jahren 2018 - 2020 eingetreten?
   Recherchieren Sie hierzu evtl. im Internet.
5. Milchbauer Karl Breuer hat sich eine weitere Einnahmequelle geschaffen. Er produziert seinen eigenen „Bergbauernkäse". Auf dem Großmarkt ergibt sich folgende Angebots- und Nachfragesituation:

Preis in € je kg	angebotene Menge in kg	nachgefragte Menge in kg
10	80	290
15	140	240
20	200	200
25	260	160
30	320	120

   Zeichnen Sie ein Koordinatensystem und stellen Sie die Preisbildung grafisch dar. Beschriften Sie die einzelnen Achsen und Kurven.
6. Erstellen Sie eine Tabelle, in der Sie den Umsatz bei den verschiedenen Preisen ermitteln. Benennen Sie den Gleichgewichtspreis.
7. Zunehmend fordern Landwirte staatlich garantierte Mindestpreise. Beurteilen Sie diese Forderung, indem Sie Vor- und Nachteile abwägen.
8. Tragen Sie in das Koordinatensystem einen Mindestpreis von 30,00 € ein und einen Höchstpreis von 10,00 €. Beurteilen Sie die Auswirkung beider Preise auf den Markt.
9. In Lebensmittelgeschäften einer Großstadt wird der Liter Frischmilch zwischen 0,99 € und 1,69 € angeboten. Nennen Sie Gründe, weshalb nicht alle Kunden Ihre Milch im billigsten Geschäft kaufen.
10. Welche der unten stehenden Abbildungen ist typisch für Mindestpreise, welche für Höchstpreise?

a

b

1. Welches Verhalten der großen Lebensmittelketten kritisieren die Landwirte?

2. Welche Marktform liegt auf dem beschriebenen Markt für Milch vor? Begründen Sie Ihre Antwort.

3. Begründen Sie, für welche Marktteilnehmer das Verhalten der Lebensmittelketten von Vorteil ist.

4. Wodurch ist der Preisverfall bei Milch in den Jahren 2018–2020 eingetreten? Recherchieren Sie im Internet.

5. Milchbauer Karl Breuer hat sich eine weitere Einnahmequelle geschaffen. Er produziert seinen eigenen „Bergbauernkäse". Auf dem Großmarkt ergibt sich folgende Angebots- und Nachfragesituation:

Stellen Sie die Preisbildung grafisch dar. Beschriften Sie die einzelnen Achsen und Kurven.

Preis in € je kg	angebotene Menge in kg	nachgefragte Menge in kg
10	80	290
15	140	240
20	200	200
25	260	160
30	320	120

193
Datum:

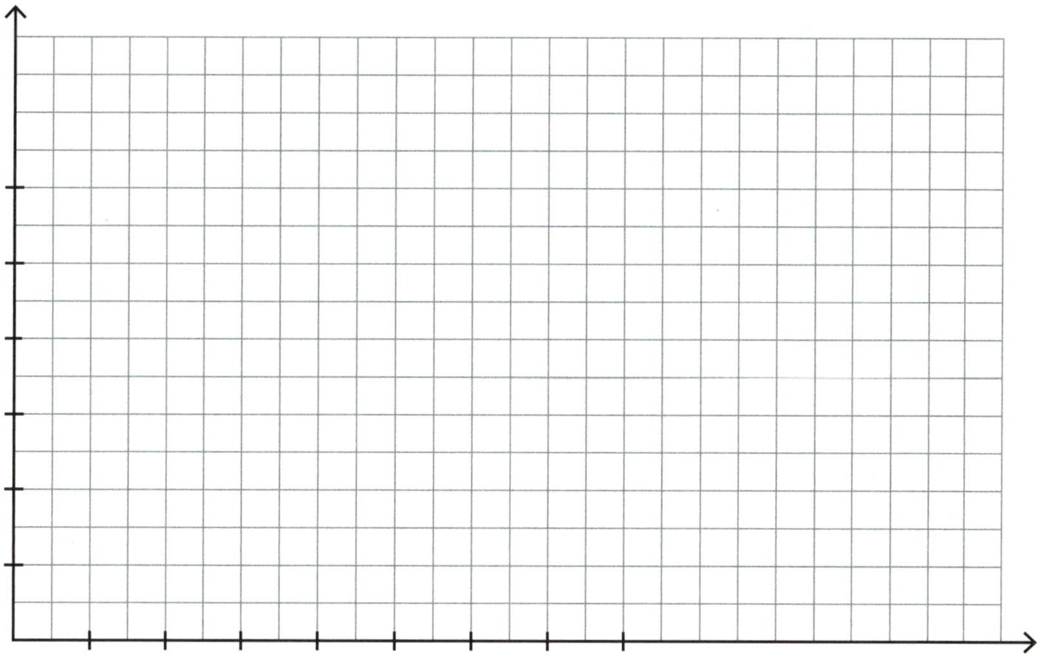

6. **Ermitteln Sie den Umsatz bei den verschiedenen Preisen und benennen Sie den Gleichgewichtspreis.**

Preis in € je kg	angebotene Menge	nachgefragte Menge	möglicher Umsatz

Der Gleichgewichtspreis liegt bei __________. Hier wird die größte __________________ umgesetzt.

7. **a)** **Nennen Sie Vorteile von Mindestpreisen:**

____

____

____

____

____

____

____

193

b) Nennen Sie Nachteile von Mindestpreisen:

8. Tragen Sie in das Koordinatensystem einen Mindestpreis von 30 € ein und einen Höchstpreis von 10 €. Beurteilen Sie die Auswirkung beider Preise auf den Markt.

9. In Lebensmittelgeschäften einer Großstadt wird der Liter Frischmilch zwischen 0,99 € und 1,69 € angeboten. Nennen Sie Gründe, weshalb nicht alle Kunden ihre Milch im billigsten Geschäft kaufen.

10. Welche der nachfolgenden Abbildungen ist typisch für Mindestpreise, welche für Höchstpreise?

a

b

Kartelle

1. Ergänzen Sie die fehlenden Aussagen über die Kartelle.
Die Nachfrage nach Fahrrädern ist stark gesunken. Um einem drohenden Preisverfall vorzubeugen, beschließen die Fahrradhersteller Trippel, Tretheimer und Radelmann, dass sie ihre Erzeugnisse zu festgelegten Preisen verkaufen.

Für diese Preisabsprache schließen sich die Fahrradhersteller zu einem ______________________ zusammen. Dieser Zusammenschluss schränkt die ______________________ Selbstständigkeit der beteiligten Unternehmen erheblich ein, da sie keine eigenen Preise mehr festsetzen können. Die ______________________ Selbstständigkeit der beteiligten Firmen bleibt jedoch vollständig erhalten.

2. Weshalb sind solche Absprachen nach dem Kartellgesetz verboten?

____

____

3. Das Gesetz gegen Wettbewerbsbeschränkungen (Kartellgesetz) verbietet zwar grundsätzlich die Bildung von Kartellen. In bestimmten Fällen sind jedoch Ausnahmen möglich.

a) Welche Behörden sind zuständig für die Überwachung von freigestellten (zulässigen) Kartellen?

____

b) Erläutern Sie zwei weitere Aufgaben dieser Behörde.

____

____

____

____

4. Man unterscheidet verschiedene Kartellarten. Tragen Sie in die Übersicht ein, welche Kartellarten jeweils vorliegen und ob diese verboten oder freigestellt sind.

Inhalt der vertraglichen Vereinbarung	Kartellart	verboten/freigestellt
Die einheimischen Süßwarenhersteller beschließen, dass für eine Tafel Schokolade mindestens 1 € verlangt wird.	______________	______________
Die Hersteller von Kaffee-Filtern vereinbaren, einheitliche Abmessungen einzuhalten und nur noch umweltfreundliches Recyclingpapier zu verarbeiten.	______________ ______________	______________
Führende Hersteller einer Ware teilen die Bundesrepublik in verschiedene Verkaufsgebiete ein. Jedes Verkaufsgebiet darf nur von bestimmten Herstellern beliefert werden.	______________	______________
Alle Weinhändler von Berghausen einigen sich, bei Abnahme von großen Mengen einheitlich 5 % Nachlass einzuräumen.	______________	______________
Die Hersteller von Satellitenantennen vereinbaren einheitliche Anschlüsse.	______________ ______________	______________

Unternehmenskonzentration

5. Man unterscheidet **horizontale, vertikale** und **anorganische Unternehmenszusammenschlüsse**. Vervollständigen Sie die Abbildung durch folgende Begriffe: *Bank, Verlag, horizontaler, Molkerei, vertikaler, Kaufhaus, anorganischer.*

Unternehmenszusammenschlüsse		
______ Zusammenschluss	______ Zusammenschluss	______ Zusammenschluss
Papierfabrik – Druckerei – ______	Kaufhaus – Kaufhaus – ______	Fluglinie – ______ – Schuhfabrik – ______

6. Welche Vorteile sprechen für **horizontale** und **vertikale Zusammenschlüsse**?

____

____

7. Welchen Vorteil sehen Sie in einem **anorganischen Zusammenschluss**?

____

____

Konzern

8. Die nachfolgende Abbildung zeigt drei Unternehmen, die unter der einheitlichen Leitung eines großen Unternehmens stehen. Benennen Sie die einzelnen Teile der Abbildung.

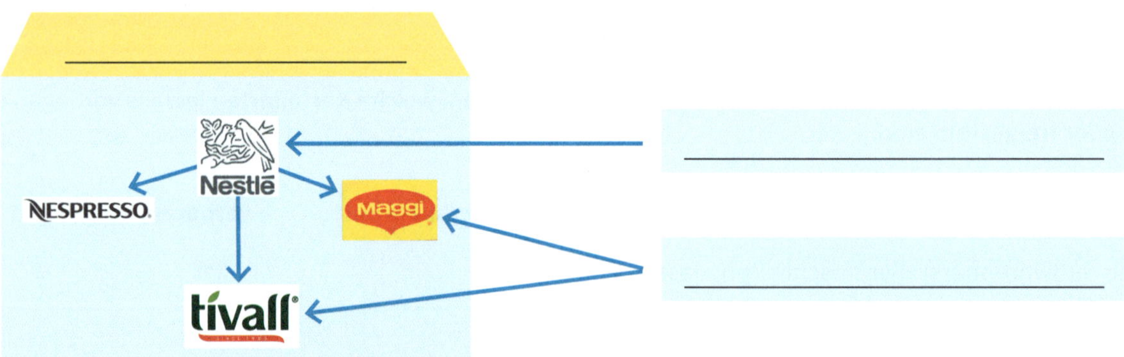

9. Ergänzen Sie die Zusammenfassung über die **Merkmale eines Konzerns.**

- Ein ______________ liegt vor, wenn mehrere Unternehmen unter einheitlicher Leitung stehen.
- Die einzelnen Unternehmen behalten zwar ihre ______________ Selbstständigkeit (Firmenname), verlieren jedoch die ______________ Selbstständigkeit wegen der einheitlichen Leitung.
- Das Konzernunternehmen, das die anderen Unternehmen beherrscht, nennt man ______________.

- ________________________________ werden die abhängigen Unternehmen genannt.
- Von einer ____________________________________ spricht man, wenn an der Spitze eines Konzerns eine reine Verwaltungsgesellschaft steht, die selbst nicht produziert.

Trust

10. Die große Einzelhandelskette Schleckermann kauft sämtliche Aktien der Sparkauf AG und der Kaufmarkt AG. Die beiden aufgekauften Unternehmen gehen in der Firma Schleckermann auf. Sämtliche Läden der Sparkauf AG und der Kaufmarkt AG werden zu Schleckermannfilialen.

Die Sparkauf AG und die Kaufmarkt AG sind jetzt Teile eines ________________________. Damit haben sie ihre ____________________ und ________________________ Selbstständigkeit verloren.

11. Nachfolgend sind drei Unternehmenszusammenschlüsse abgebildet. Tragen Sie die Art jedes Zusammenschlusses ein und geben Sie an, ob die einzelnen Unternehmen ihren Firmennamen (rechtliche Selbstständigkeit) verlieren. Überprüfen Sie ebenfalls, ob die beteiligten Firmen ihre wirtschaftliche Selbstständigkeit verlieren (z. B. jedes einzelne Unternehmen bestimmt für sich, was es herstellt, wie viel es produziert oder zu welchen Preisen die Produkte verkauft werden).

Beispiel	Art des Zusammenschlusses	Selbstständigkeit
a) Die drei Rohrreinigungsunternehmen von Berghausen haben die Stadt in drei Gebiete eingeteilt. Hausbesitzer, die eine Kanalverstopfung beseitigen lassen wollen, müssen sich an das jeweils zuständige Unternehmen wenden. 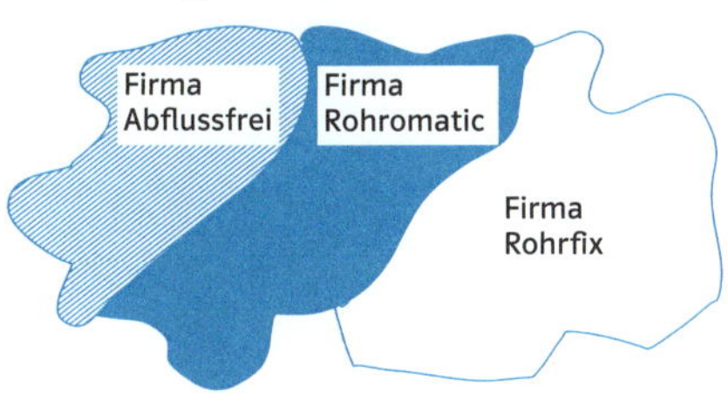 	____________ ____________	☐ rechtliche Selbstständigkeit bleibt erhalten ☐ rechtliche Selbstständigkeit geht verloren ☐ wirtschaftliche Selbstständigkeit bleibt erhalten ☐ wirtschaftliche Selbstständigkeit geht verloren
b) 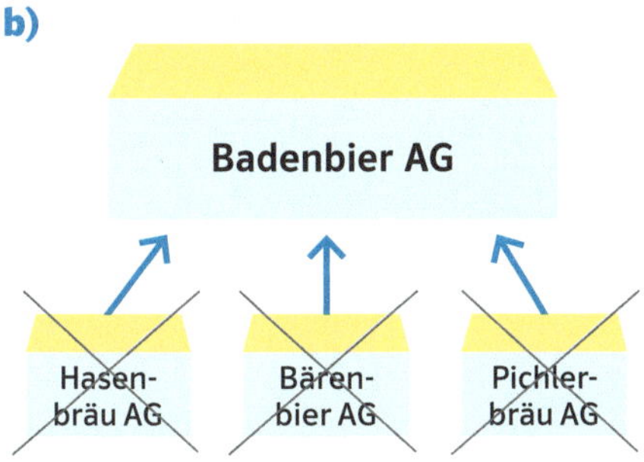 	____________ ____________	☐ rechtliche Selbstständigkeit bleibt erhalten ☐ rechtliche Selbstständigkeit geht verloren ☐ wirtschaftliche Selbstständigkeit bleibt erhalten ☐ wirtschaftliche Selbstständigkeit geht verloren
c) 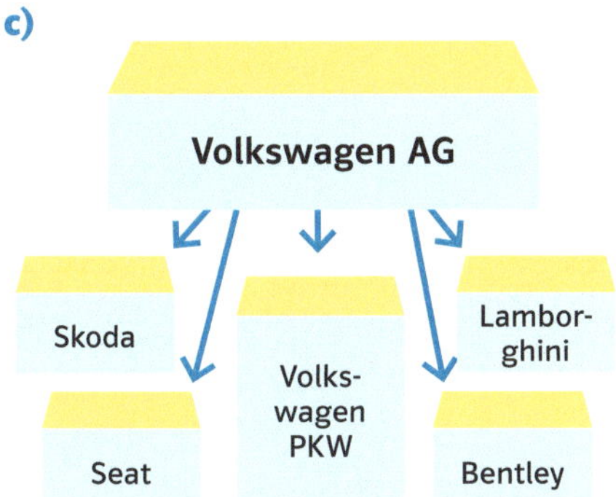 	____________ ____________	☐ rechtliche Selbstständigkeit bleibt erhalten ☐ rechtliche Selbstständigkeit geht verloren ☐ wirtschaftliche Selbstständigkeit bleibt erhalten ☐ wirtschaftliche Selbstständigkeit geht verloren

Freie Marktwirtschaft und Zentralverwaltungswirtschaft

1. **In jedem Staat der Erde laufen die wirtschaftlichen Vorgänge nach unterschiedlichen Regeln ab. Zwar bestehen zwischen den einzelnen Volkswirtschaften zahlreiche Unterschiede, dennoch lassen sich alle auf zwei verschiedene Wirtschaftsmodelle (Wirtschaftsordnungen) zurückführen. Ergänzen Sie die Übersicht um diese Modelle und deren Merkmale.**

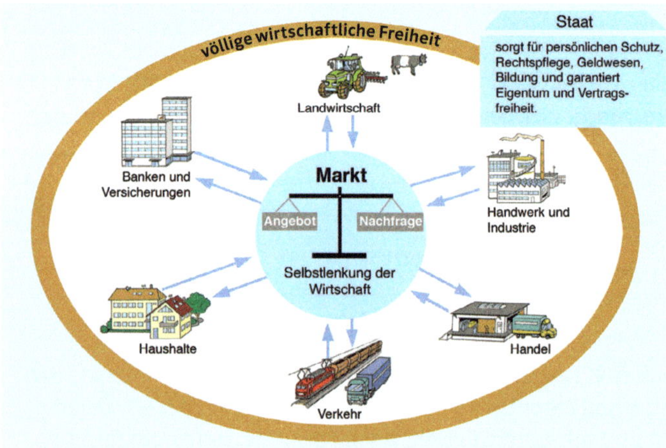

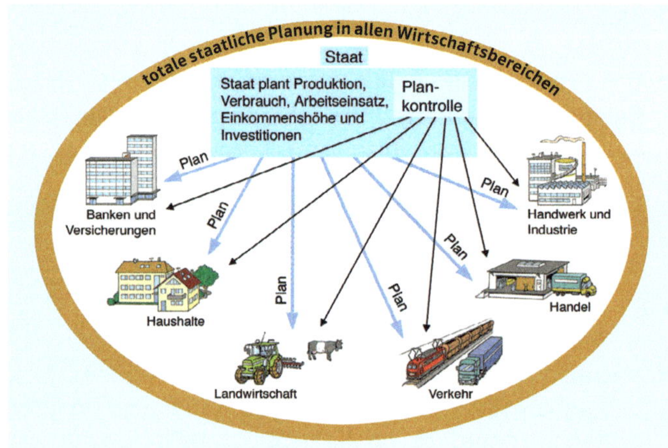

Jeder genießt völlige wirtschaftliche Freiheit, da der Staat nicht in das Wirtschaftsleben eingreift.

Der Staat plant und regelt das gesamte Wirtschaftsleben.

______________________		______________________
______________________	Wer **steuert** und plant die Wirtschaft?	______________________
______________________	Wem gehören die **Produktionsmittel**?	______________________
______________________	Wie erfolgt die **Preisbildung**?	______________________
______________________	Wer setzt die **Löhne** fest?	______________________
______________________	Welches **Ziel** hat das Wirtschaften?	______________________

200–202
Datum: ....

2. **Sowohl die freie Marktwirtschaft als auch die Zentralverwaltungswirtschaft weisen erhebliche Nachteile auf. Ordnen Sie die folgenden Nachteile dem entsprechenden Wirtschaftsmodell zu:** *Arbeitsplatz und Beruf können nicht frei gewählt werden, Ausbeutung wirtschaftlich Schwächerer, aufwändiger Verwaltungsapparat, Monopole und Kartelle können die Preise festsetzen, mangelnder Leistungsanreiz, Versorgungslücken, keine soziale Absicherung der Arbeitnehmer, Konjunkturschwankungen, Arbeitslosigkeit, fantasielose Güterproduktion nach Plan.*

Nachteile der freien Marktwirtschaft	Nachteile der Zentralverwaltungswirtschaft

3. **Kreuzen Sie an, ob die folgenden Aussagen auf die freie Marktwirtschaft oder auf die Zentralverwaltungswirtschaft zutreffen.**

Aussagen	Zentralverwaltungswirtschaft	freie Marktwirtschaft
a) Der Markt richtet sich nach den Wünschen der Verbraucher.		
b) Der Staat bestimmt durch genaue Pläne, was investiert und was produziert wird.		
c) Der Staat weist den Auszubildenden die Betriebe zu, da er den Einsatz der Arbeitskräfte steuert.		
d) Unternehmen können den Wettbewerb durch Preisabsprachen einschränken.		
e) Arbeitslosigkeit ist unbekannt, da Arbeitslose zu Lasten der Gesamtwirtschaft „verplant“ werden.		
f) Kleine Planungsfehler in einem Wirtschaftsbereich setzen sich fort und führen zu Versorgungslücken.		
g) Der rücksichtslose Konkurrenzkampf ist beseitigt, die wirtschaftlich Schwächeren werden nicht mehr ausgenutzt.		
h) Wenn ein Anbieter ausfällt, besorgt sich der Nachfrager die benötigten Güter bei einem anderen Lieferanten.		
i) Streiks für bessere Arbeitsbedingungen sind verboten, weil dadurch die Planerfüllung gefährdet würde.		
j) Erfindungen und wirtschaftliche Höchstleistungen sind eine Folge des starken Wettbewerbs.		

202–204

Grundwerte und Instrumente

4. Die Wirtschaftsordnung der Bundesrepublik Deutschland ist die **soziale Marktwirtschaft.** Sie ermöglicht die Vorteile der freien Marktwirtschaft, verhindert jedoch deren Nachteile. Erläutern Sie anhand der Abbildung, wie diese Aufgabe erreicht wird.

____

____

____

____

____

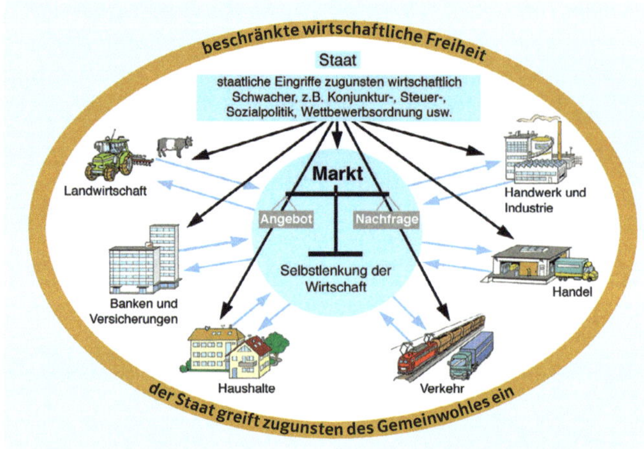

5. Die soziale Marktwirtschaft und die freie Marktwirtschaft sind sich sehr ähnlich. Nennen Sie 3 gemeinsame Merkmale.

Freie Marktwirtschaft	gemeinsame Merkmale	Soziale Marktwirtschaft
	______________________________	
	______________________________	
	______________________________	
	______________________________	
	______________________________	
	______________________________	
	______________________________	

6. In der sozialen Marktwirtschaft greift der Staat auf verschiedene Art und Weise in das Wirtschaftsgeschehen ein. Ergänzen Sie das Schaubild um folgende Begriffe: *Konjunkturpolitik, Sozialpolitik, Wettbewerbspolitik, Strukturpolitik, Einkommenspolitik, öffentliche Unternehmen.*

staatliche Eingriffe in den Wirtschaftsablauf

__________	__________	__________	__________	__________	__________
__________	__________	__________	__________	__________	__________
__________	__________	__________	__________	__________	__________
↓	↓	↓	↓	↓	↓
Ziel: Unterstützung Bedürftiger	**Ziel:** Beeinflussung der Konjunktur	**Ziel:** Unterstützung schwacher Gebiete und Wirtschaftszweige	**Ziel:** gerechte Verteilung von Vermögen	**Ziel:** Sicherstellung der Versorgung der Bevölkerung	**Ziel:** Sicherung des Wettbewerbs
↓	↓	↓	↓	↓	↓

Grundgedanke: Die wirtschaftlich ______________ sollen ______________________.

202–204

Datum: ....

7. **Wesentliche Bereiche der Sozialpolitik sind die soziale Sicherung und der Schutz der Arbeitnehmer. Nennen Sie hierzu jeweils 5 staatliche Maßnahmen.**

soziale Sicherung ____________________

____

____

____

Arbeitsschutzbestimmungen ____________________

____

____

8. **Zählen Sie verschiedene Maßnahmen der Wettbewerbspolitik auf, die dem Schutz der Verbraucher dienen sollen.**

____

____

____

9. **Tragen Sie zu den nachfolgenden Beispielen ein, welcher Politik der jeweilige Eingriff zuzuordnen ist.**

Beispiele für staatliche Eingriffe	Politikbereiche
1995 wurde eine Pflegeversicherung eingeführt.	Sozialpolitik
Arbeitnehmer können prämienbegünstigt sparen.	
In einer Großstadt wird ein weiteres städtisches Krankenhaus gebaut.	
Ältere Arbeitslose können länger Arbeitslosengeld I beziehen.	
Die Elternzeit kann bis zu 36 Monate betragen.	
Um die Wirschaft anzukurbeln, wird die Besteuerung der Unternehmen gesenkt.	
Die Landwirtschaft und der Bergbau erhalten Subventionen.	
Höhere Einkommen werden stärker besteuert.	
Um die Wirtschaft anzukurbeln, werden mehr Staatsaufträge vergeben.	
Die Stadt Berghausen plant für ihren städtischen Verkehrsbetrieb eine weitere Buslinie.	
Wegen verbotenen Preisabsprachen werden jedes Jahr zahlreiche Bußgelder gegen die betroffenen Unternehmen verhängt.	
Bei der städtischen Müllabfuhr wird eine „Bio-Tonne“ eingeführt.	
Das Dosen- und Flaschenpfand wird gesetzlich vorgeschrieben.	

204–205
Datum: ....

Probleme der sozialen Sicherung

10. **Übertragen Sie die Daten über die Entwicklung der Arbeitslosigkeit, der Zahl der Rentner sowie der Rentenbeitragszahler in das jeweilige Schaubild und beschriften Sie die eingetragenen Kurven.**

Jahr	2017	2018	2019	2020	2021	2022	2023
Arbeitslose in Mio.	2,5	2,34	2,27	2,7	2,6	2,4	2,6

Quelle: Statistisches Bundesamt

Jahr	2000	2010	2020	2030
Rentner in Mio.	20,3	23,3	25,1	27,3
Beitragszahler in Mio.	32,6	31,1	28,2	23,6

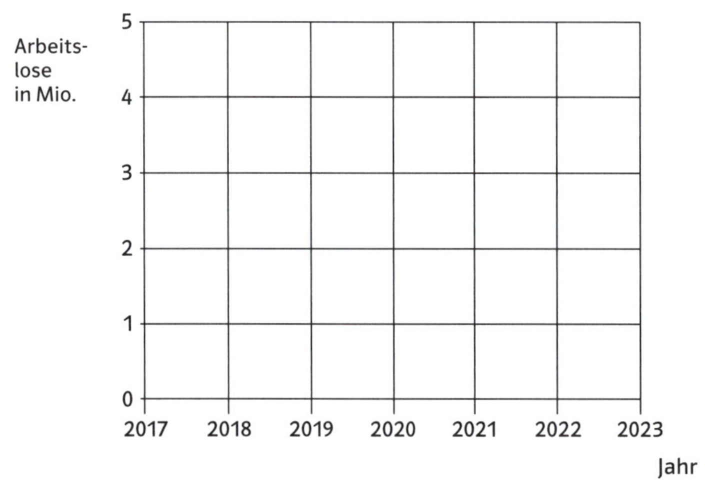

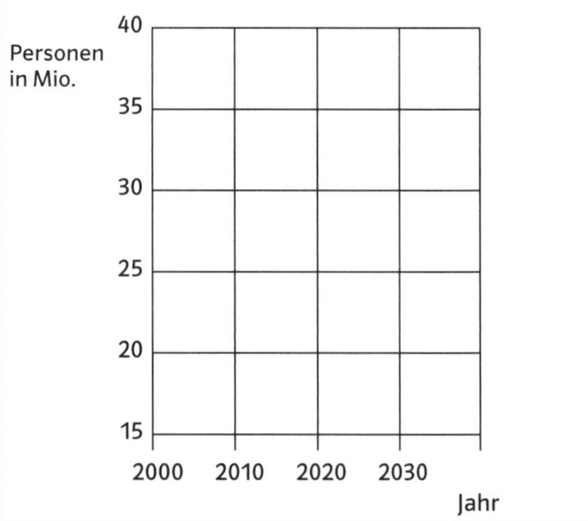

11. **Beschreiben Sie die Probleme der sozialen Sicherung am Beispiel der Sozialversicherungen.**

Je mehr die Zahl der Arbeitslosen und Rentner steigt, um so geringer werden die ______________________.

→ Gleichzeitig steigen die Ausgaben für ______________________.

→ Um diese Ausgaben zu finanzieren, müssen die ______________________

____

→ Hinzu kommt, dass durch die Überalterung der Bevölkerung auch ______________________

____

→ Die Folge: ______________________

____

____

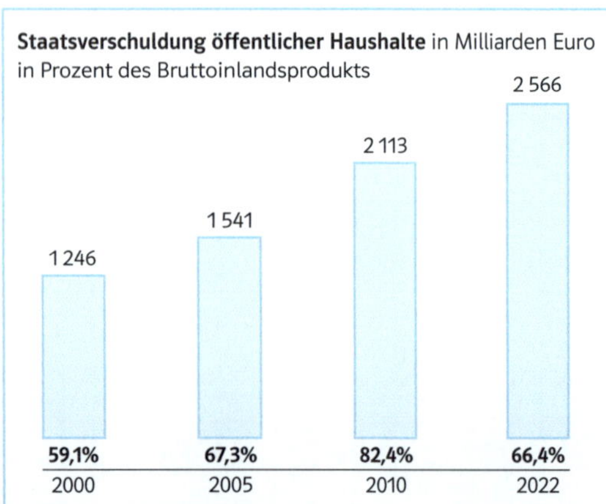

Quelle: Bundesbank, Januar 2024

12. **Erläutern Sie den Zusammenhang zwischen den Problemen der sozialen Sicherung und der Entwicklung der Staatsverschuldung:**

____

____

____

____

____

____

____

____

1. Die Kaufkraft drückt den Wert des Geldes aus.

Beispiel einer Geldwertverschlechterung		
	Preise steigen Für Waren, die 1950 100 DM kosteten, musste man bezahlen:	**Geldwert sinkt** Für eine Mark bekam man also 1985 soviel wie früher für:
1950:	100,–	0,33
1955:	110,–	0,36
1960:	121,–	0,40
1965:	138,–	0,46
1970:	155,–	0,51
1975:	208,–	0,68
1980:	251,–	0,83
1985:	303,–	1,–

a) Erläutern Sie, was man unter der **Kaufkraft** versteht.

____

____

____

____

b) Wie hat sich die Kaufkraft zwischen 1950 und 1985 entwickelt?

____

____

____

____

2. Die Kaufkraft ist abhängig von der allgemeinen Preisentwicklung. Ergänzen Sie die Schaubilder.

Entwicklung der Kaufkraft

______________ ↑ Preise

______________ ↓ sinkt

Entwicklung der Kaufkraft

______________ ↑ Kaufkraft

______________ ↓ ______________

3. a) Wie werden **Kaufkraftveränderungen** gemessen?

____

____

b) Erläutern Sie in diesem Zusammenhang, was man unter dem **Warenkorb** versteht.

____

____

____

____

____

____

____

____

____

____

____

Inflation und Deflation

4. **Nachfolgend sehen Sie zwei Beispiele über die Entwicklung des Geldwertes. Ergänzen Sie die fehlenden Textstellen.**

Beispiel 1
Für 1 000 € erhielt ein Käufer:

2000 

2005 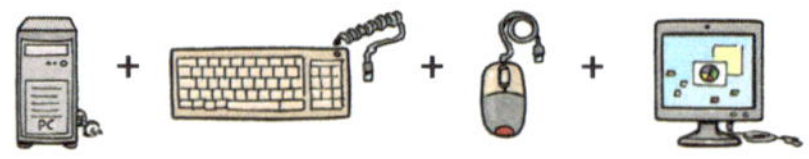

2010 

2015 

↓

Der Käufer erhält für den gleichen Geldbetrag ______________ Güter .

↓

Diese Entwicklung des Geldwerts nennt man

__________________________________ .

Beispiel 2
Für 1 000 € erhielt ein Käufer:

2000 

2005 

2010 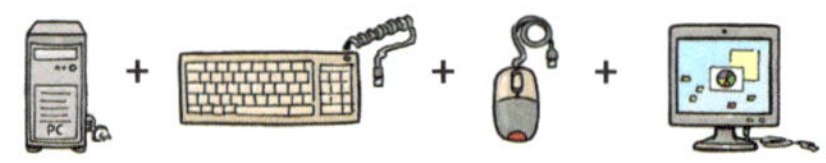

2015 

↓

Der Käufer erhält für den gleichen Geldbetrag ______________ Güter .

↓

Diese Entwicklung des Geldwerts nennt man

__________________________________ .

5. **Inflation und Deflation entstehen, wenn sich das Verhältnis zwischen der Gütermenge und der Geldmenge eines Staates verändert. Ergänzen Sie die Übersicht.**

Geldmenge ⟷ Gütermenge

Die Preise ______________ .

Der Geldwert ______________ .

Dies führt zur

______________ .

↓

Mögliche Ursachen dieser Entwicklung:

____

____

____

____

____

____

____

Geldmenge ⟷ Gütermenge

Die Preise ______________ .

Der Geldwert ______________ .

Geldmenge ⟷ Gütermenge

Die Preise ______________ .

Der Geldwert ______________ .

Dies führt zur

______________ .

↓

Mögliche Ursachen dieser Entwicklung:

____

____

____

____

____

____

____

6. **Welche Auswirkungen haben Inflation und Deflation? Vervollständigen Sie die Übersicht.**

Auswirkung einer Inflation		Auswirkung einer Deflation
______________________	← auf **Verbraucher** →	______________________
______________________	← auf **Sparer** →	______________________
______________________	← auf **Gläubiger** u. **Schuldner** →	______________________

7. **Überlegen Sie, welche Nachteile eine Deflation bringt.**

Nachteile einer Deflation

für Arbeitnehmer	für Unternehmer	für den Staat
______________________	______________________	______________________
______________________	______________________	______________________
______________________	______________________	______________________
______________________	______________________	______________________

8. **Ergänzen Sie den Lückentext über die Arten einer Inflation.**

15. Februar 1924, höchste jemals in Deutschland gedruckte Banknote

Preisentwicklung für 1 kg Roggenbrot in Berlin	
Januar 1919	0,54 Mark
Dezember 1921	3,90 Mark
Dezember 1922	163,15 Mark
März 1923	463,00 Mark
Juni 1923	1 428,00 Mark
Juli 1923	3 465,00 Mark
August 1923	69 000,00 Mark
September 1923	1 512 000,00 Mark
Oktober 1923	1 743 000 000,00 Mark
November 1923	201 000 000 000,00 Mark

Die beiden Abbildungen zeigen die Entwicklung einer ______________________. Sie liegt vor, wenn die monatlichen Preissteigerungsraten über 50 % liegen. Beispiele: Deutschland 1923, Simbabwe 2009, viele südamerikanische Länder. Von einer ______________________ Inflation spricht man, wenn die jährlichen Preissteigerungen gering sind (Inflationsraten bis 5 %).

1. **Ergänzen Sie die folgende Abkürzung:**

B____________ **I**____________ **P**____________

Erläutern Sie, was man darunter versteht.

____

____

____

____

____

____

____

____

____

____

____

2. **Entnehmen Sie der nebenstehenden Grafik, um wie viel % das Bruttoinlandsprodukt im Jahr 2023 gestiegen oder gesunken ist.**

____________________	____________________
Bruttoinlandsprodukt	**Bruttoinlandsprodukt**
↓	↓
____________________	____________________

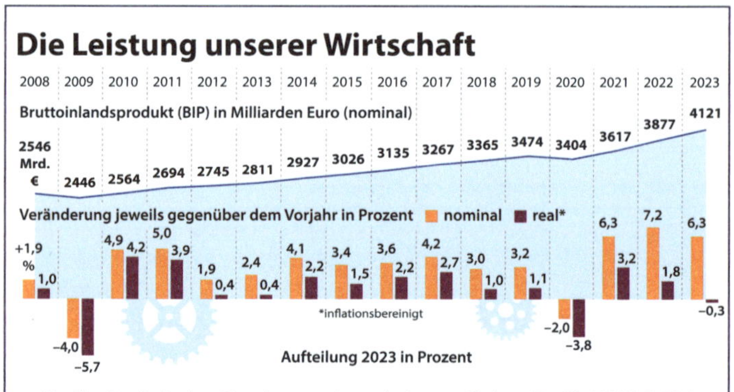

Quelle: Statistisches Bundesamt, Ausschnitt aus Globus-Grafik 16801 © Globus

3. **Man unterscheidet ein „nominales" und ein „reales Bruttoinlandsprodukt". Ergänzen Sie die Abbildung um folgende Begriffe:** *reales Bruttoinlandsprodukt, nominales Bruttoinlandsprodukt, Preissteigerungen.*

____

____

Es wird zu derzeitigen Marktpreisen ermittelt.

____

____

Es berücksichtigt die Inflationsrate und informiert deshalb über das tatsächliche Wachstum einer Volkswirtschaft.

214–216
Datum: ....

4. Weshalb ist die Aussagekraft des **Bruttoinlandsproduktes** begrenzt?

____

____

____

____

____

____

____

____

____

____

____

____

5. Obwohl das reale Bruttoinlandsprodukt gestiegen ist, kann der Lebensstandard einer Bevölkerung gesunken sein. Erläutern Sie diese Aussage. Betrachten Sie hierzu die nachfolgende Statistik aus dem Jahr 2022.

	Einwohnerzahl in Mio.	Bruttoinlandsprodukt in Mrd. Euro	Bruttoinlandsprodukt pro Kopf in Euro
Deutschland	83,8	3.867,0	46.145
USA	333,3	24.159,3	72.485
China	1425,7	17.059,0	11.965
Schweiz	8,8	777,2	88.318
Indien	1425,8	3.244,2	2.275
Afghanistan	41,1	13,5	328
Mali	22,6	17,9	792

Quelle: www.laenderdaten.info

____

____

____

6. Das Bruttoinlandsprodukt kann auf drei verschiedene Arten ermittelt werden. Ergänzen Sie die Übersicht.

Bruttoinlandsprodukt

Entstehungsrechnung

Sie gibt an, wo das Bruttoinlandsprodukt erarbeitet wurde.

z. B. ______________________

____

____

Verwendungsrechnung

Sie gibt an, wofür das Bruttoinlandsprodukt verwendet wurde.

z. B. ______________________

____

____

Verteilungsrechnung

Sie gibt an, wie man das Bruttoinlandsprodukt verteilt hat.

z. B. ______________________

____

____

Ziele des Stabilitätsgesetzes (Magisches Viereck)

1. **Wirtschaftskrisen können zu großer Not für weite Teile der Bevölkerung führen. Um dies zu verhindern, beeinflusst der Staat das Wirtschaftsgeschehen. Im Stabilitätsgesetz von 1967 sind die Hauptziele der staatlichen Wirtschaftspolitik festgelegt. Setzen Sie diese Ziele in das Schaubild ein.**

____

____

Das magische Viereck

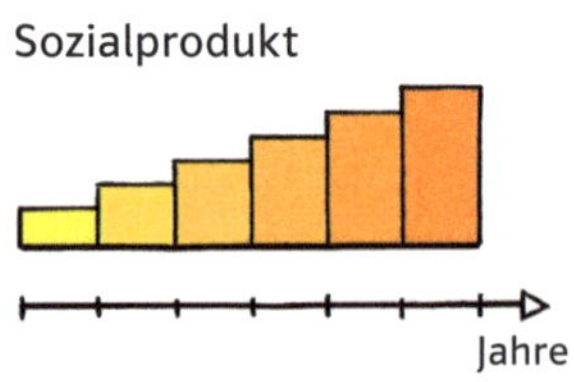

____

____

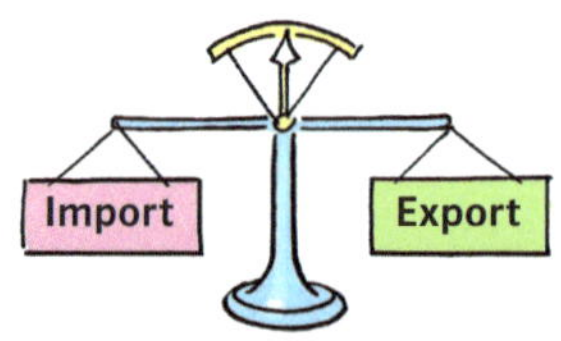

____

____

2. **Tragen Sie ein, auf welches der vier Ziele des magischen Vierecks sich die folgenden Sachverhalte hauptsächlich auswirken. Geben Sie außerdem an, ob das jeweilige Ziel dadurch erfüllt oder nicht erfüllt wird.**

Sachverhalt	hoher Beschäftigungsstand	Preisniveaustabilität	außenwirtschaftliches Gleichgewicht	stetiges und angemessenes Wirtschaftswachstum	erfüllt/ nicht erfüllt
Die Arbeitslosenquote ist auf 7,9 % gestiegen.	X				nicht erfüllt
Das Bruttoinlandsprodukt ist um 3,5 % gestiegen.					______
Die Lebenshaltungskosten sind um 4,2 % gestiegen.					______
Die Exportüberschüsse der Bundesrepublik betrugen 25 Mrd. €.					______
Durch Arbeitsbeschaffungsmaßnahmen sinkt die Zahl der Arbeitslosen auf 1,8 %.					______

3. **Weshalb spricht man bei den Hauptzielen der staatlichen Wirtschaftspolitik vom „magischen Viereck"?**

____

____

____

____

4. Überlegen Sie anhand der beiden Beispiele, welche Auswirkungen sich ergeben, wenn die Ziele des magischen Vierecks nicht erreicht werden. Ergänzen Sie hierzu die beiden Lückentexte durch folgende Begriffe: *Inflation, Gütermenge, Kaufkraft, Produktion, Nachfrage, Arbeitsplätze, Geldmenge, entlassen.*

Nicht erreicht: **hoher Beschäftigungsstand**	Nicht erreicht: **außenwirtschaftliches Gleichgewicht**
Wird die Vollbeschäftigung nicht erreicht, dann verfügt die Bevölkerung über weniger ______________. Die Bürger können weniger Güter kaufen. Aufgrund der gesunkenen ______________ vermindern die Unternehmen ihre ______________. Noch mehr Arbeitnehmer werden ______________.	Bei einer zu hohen Ausfuhr fließt viel Geld ins Inland zurück, die ______________ wächst schneller als die ______________. Eine ______________ kann entstehen. Bei einer sehr geringen Ausfuhr sind viele ______________ gefährdet.

5. Um welche wichtigen Ziele wurde das magische Viereck zum magischen Sechseck erweitert? Vervollständigen Sie die Abbildung um die Ziele des magischen Sechsecks.

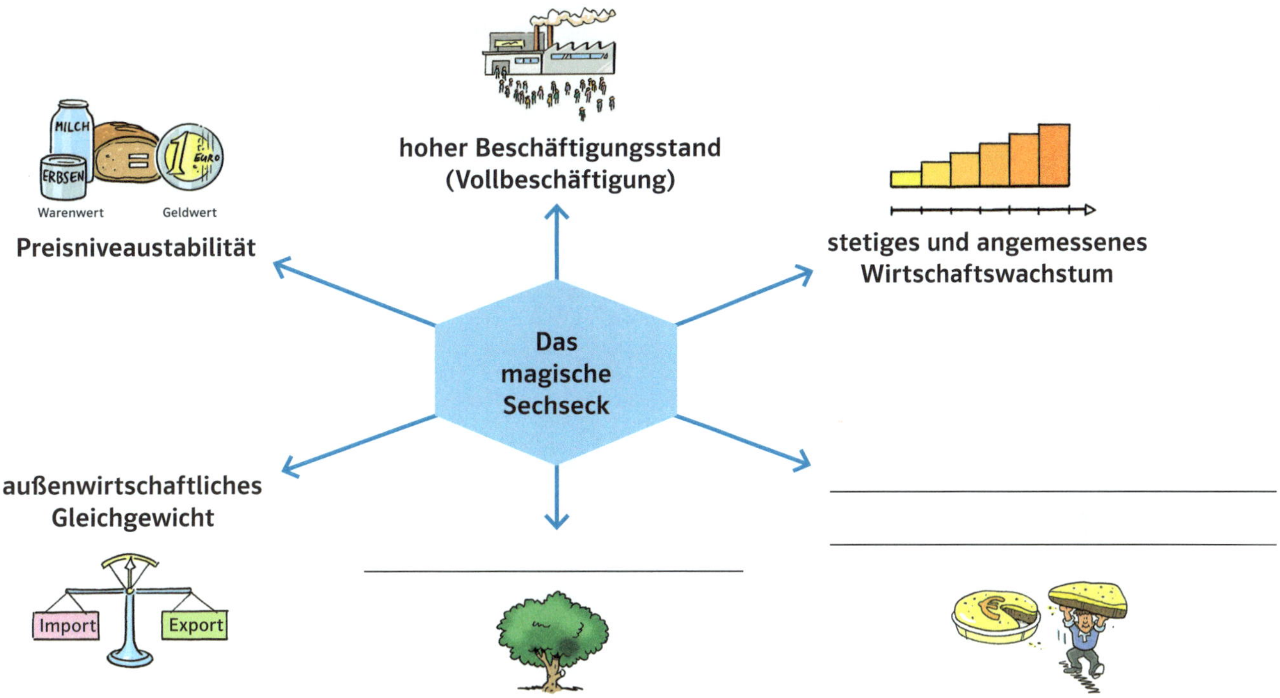

6. Wird ein wirtschaftspolitisches Ziel angestrebt, so werden unter Umständen dadurch andere Ziele gefährdet. Überlegen Sie, welche wirtschaftspolitischen Ziele vorwiegend gefährdet sind.

angestrebtes Ziel:
stabiles Preisniveau

gefährdet → ______________________________

____

____

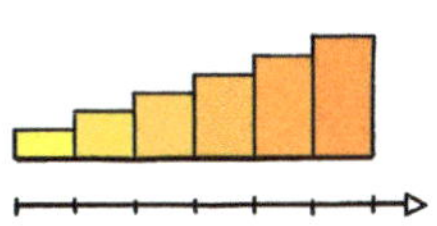

angestrebtes Ziel:
Wirtschaftswachstum

gefährdet → ______________________________

____

____

221–222

Konjunkturzyklen

7. a) **Stellen Sie die Entwicklung des realen Bruttoinlandsproduktes (BIP) grafisch dar und zeigen Sie, wie sich die Konjunktur in den letzten Jahren verändert hat. Entnehmen Sie die hierzu erforderlichen Zahlen dem Schaubild auf S. 108.**

b) **Erläutern Sie, was man demnach unter „Konjunktur" versteht.**

____

____

____

____

Wachstumsrate des BIP (2013 – 2023)

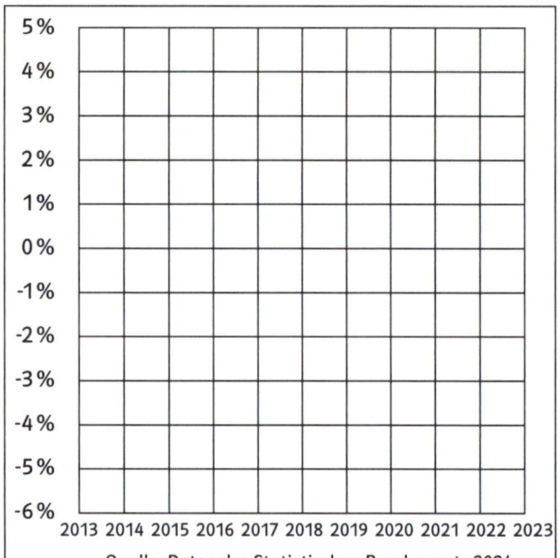

Quelle: Daten des Statistischen Bundesamts 2024

8. Man unterscheidet vier **Konjunkturphasen.** Ergänzen Sie die Abbildung über den Konjunkturverlauf.

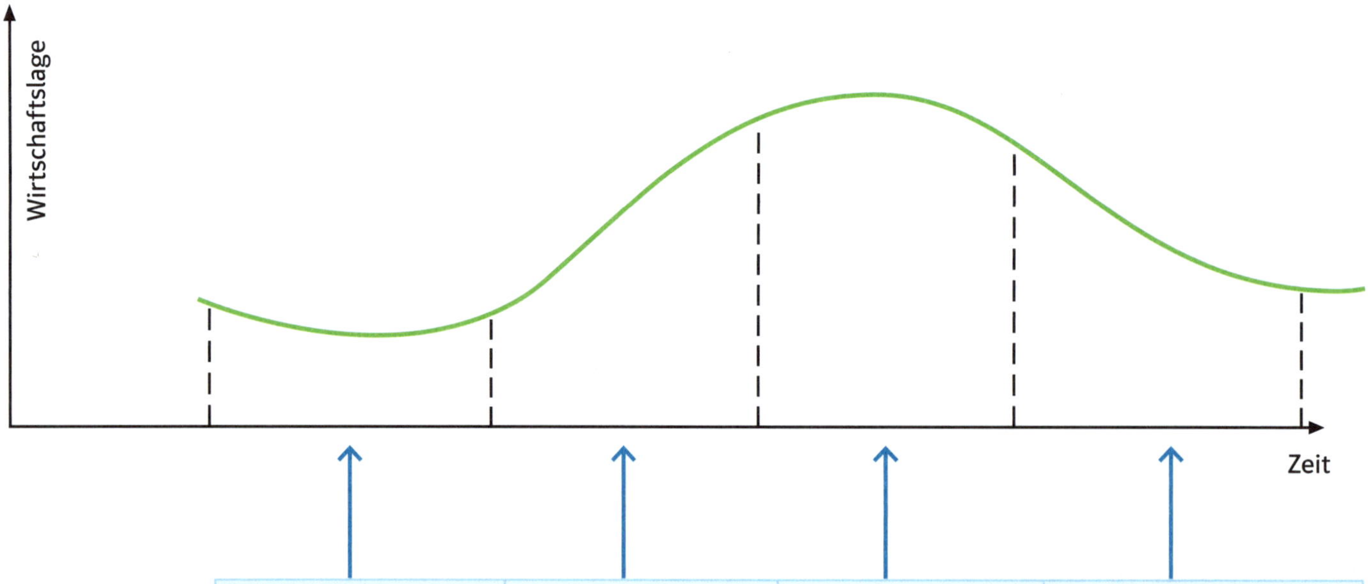

	________	________	________	________
Preise/ Einkommen	tief	________	________	________
Nachfrage/ Produktion	________	________	________	________
Investitions- bereitschaft	________	________	________	________
Zinssätze/ Aktienkurse	________	________	________	________
Arbeitslosen- zahl	________	________	niedrig → - Vollbeschäftigung - Arbeitskräfte- mangel	________

9. **Tragen Sie in den beiden Abbildungen ein, auf welche Konjunkturphasen die zwei Pfeile hinweisen. Ergänzen Sie außerdem, wodurch sie die Wirtschaft belasten.**

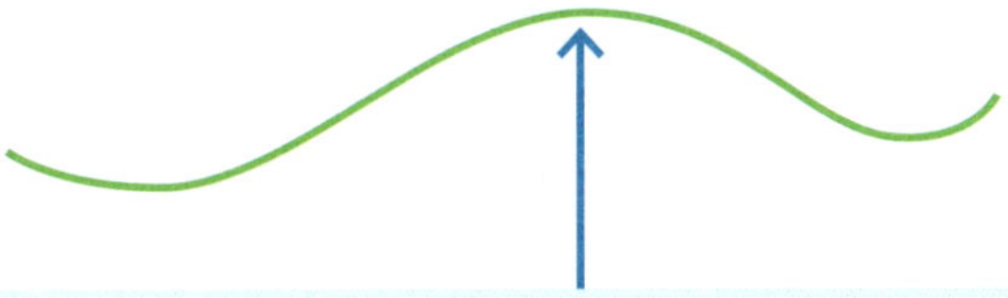

____

↓

____

____

↓

____

10. **Tragen Sie ein, mit welchen Maßnahmen der Staat die Konjunktur ankurbeln oder dämpfen kann.**

staatliche Maßnahmen zur Dämpfung der Konjunktur:

____

____

____

____

____

____

↓

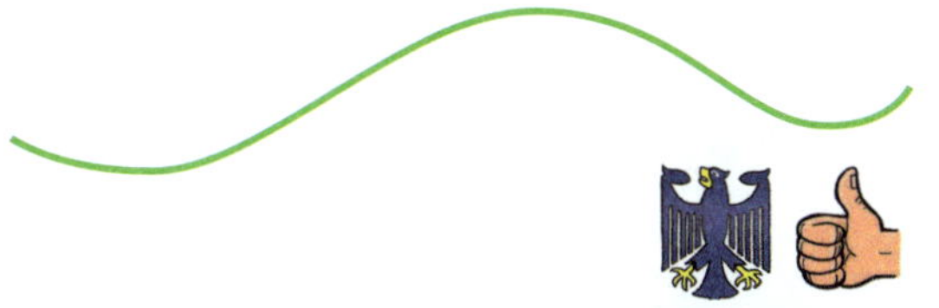

staatliche Maßnahmen zur Ankurbelung der Konjunktur:

____

____

____

____

____

____

↓

Die konjunkturpolitischen Maßnahmen des Staates erfolgen **antizyklisch**, d. h. ______________________________

____

11. **Kreuzen Sie an, welche Aussagen zutreffen.**

☐ In der Rezession erhöhen die Unternehmen die Produktion besonders, damit sie die gestiegene Nachfrage zufrieden stellen können.

☐ Eine Expansion liegt vor, wenn sich die Auftragseingänge der Wirtschaft erhöhen sowie Beschäftigung, Investitionen und Preise steigen.

☐ Die geringste wirtschaftliche Tätigkeit ist während einer Depression.

☐ Bei einer Rezession gehen die Aufträge zurück, die Unternehmer verringern ihre Investitionen und die Arbeitslosigkeit nimmt zu.

☐ Während der Hochkonjunktur gibt es sehr viele Arbeitslose.

☐ Während einer Depression und einer Expansion gehen die Steuereinnahmen des Staates zurück.

1. Ergänzen Sie die Übersicht über mögliche **Motive der Existenzgründung.**

Motive von Existenzgründern

- Wunsch nach ______________________
- Verwirklichen einer ______________________
- höheres ______________________
- fehlende ______________________
- Vermarkten einer ______________________
- drohende ______________________

2. Welche **Voraussetzungen** sollte ein **Existenzgründer** mitbringen?

persönliche Voraussetzungen

____

____

____

____

____

fachliche Voraussetzungen

____

____

____

____

3. Der **Businessplan** gibt Auskunft über alle Aspekte des zu gründenden Unternehmens. Er ist die Analyse der Gründungsidee. Des Weiteren ist er eine wichtige Voraussetzung für die Kapitalbeschaffung.
Ergänzen Sie die Übersicht zum Businessplan.

Businessplan

analysiert die ______________________

informiert ______________________

Persönliche Voraussetzungen des Existenzgründers, z. B.	Wirtschaftliche Rahmen-bedingungen, z. B.	Rechtliche Rahmen-bedingungen, z. B.

Gründungshilfen und Anmeldung

1. Armin Wolf will sich selbstständig machen und ein eigenes Fleischergeschäft eröffnen. Welche **Voraussetzungen** muss er hierzu erfüllen?

____

____

2. Grundlage jeder erfolgreichen Existenzgründung ist die richtige Beratung. Zwar bieten berufsständische Organisationen wie Handwerkskammern und Innungen kostenlose Beratungen, in den meisten Fällen jedoch sind weitergehende Beratungen erforderlich. Ergänzen Sie die Übersicht.

Beratung bieten:	Beratungsbereiche:
______________	→ bei Finanzierungsfragen
______________	→ bei Steuerfragen, Buchhaltung
______________	→ bei Marktanalysen, Unternehmensplanung, Finanzierungsfragen
______________	→ beim Erstellen von Verträgen

3. Um die Existenzgründung zu erleichtern, gibt es öffentliche Förderprogramme wie **Eigenkapitalhilfe-Darlehen** und **Existenzhilfe-Darlehen.** Welche Vorteile bieten diese Darlehen für einen Existenzgründer?

____

4. Wo muss das neu gegründete Unternehmen u. a. angemeldet werden?

§ **Meldepflicht** §

______________ ______________ ______________ ______________ ______________ ______________

Standort

5. Welche Faktoren beeinflussen die Wahl des Standortes? Vervollständigen Sie die Übersicht.

Die **Standortwahl** ist ein

______________ .

______________ ______________ ______________ ______________ ______________ ______________

6. Von entscheidender Bedeutung für die Zukunft eines Unternehmens ist die Wahl des richtigen Standortes. Nach intensiver Suche hat Armin Wolf zwei mögliche Standorte gefunden. Um die richtige Entscheidung zu treffen, hat er sich den nachfolgenden Bewertungsbogen besorgt. Ermitteln Sie mit dessen Hilfe den optimalen Standort.

Standort 1
ist 15 km von Stuttgart entfernt und hat ca. 13 000 Einwohner. Im Ort gibt es bereits 6 Fleischereien sowie drei große Supermärkte, die über das gesamte Stadtgebiet verteilt sind. Die Bevölkerungszahl geht seit einigen Jahren etwas zurück, da die Gemeinde in der Einflugschneise des Stuttgarter Flughafens liegt. Die Räume befinden sich in der neu gestalteten Fußgängerzone im Stadtkern. Ein öffentlicher Parkplatz ist ca. 200 m entfernt. Die Pacht beträgt 2 025 € monatlich, die Gewerbesteuer ist erheblich niedriger als bei den anderen Standorten. Es bestehen baurechtliche und umweltbedingte Einschränkungen, d. h. Betriebserweiterungen sind nur eingeschränkt möglich.

Standort 2
ist 25 km von Stuttgart entfernt und hat ca. 9 000 Einwohner. Im Ort gibt es bereits 3 Fleischereien sowie einen mittleren Supermarkt. Wegen der neuen S-Bahnverbindung nach Stuttgart ist eine stetige Bevölkerungszunahme zu erwarten. Derzeit entsteht gerade ein neues Wohngebiet für rund 1 200 Menschen. Die Geschäftsräume befinden sich in zentraler Lage, jedoch in einer ruhigen Nebenstraße, in der problemlos geparkt werden kann. Die Pacht beträgt 2 560 €, die Gewerbesteuer ist erheblich höher als bei den anderen Standorten. Es bestehen keine baurechtlichen und umweltbedingten Einschränkungen, d. h. Betriebserweiterungen sind möglich.

Standortfaktoren		mögliche Höchstwerte	Standort 1	Standort 2
Kundennähe:	Gibt es genügend Kundschaft mit entsprechender Kaufkraft?	16		
Konkurrenz:	Wie viele Konkurrenten gibt es? Wie leistungsfähig und attraktiv sind sie?	10		
Kosten:	Wie hoch sind die Mieten, Steuern und Energiekosten?	17		
Verkehrsanbindung:	Können Kunden und Lieferanten den Standort problemlos erreichen? Sind genügend Parkplätze vorhanden?	10		
Arbeitskräfte:	Können vor Ort geeignete Mitarbeiter eingestellt werden? Wie ist das Lohnniveau?	2		
Behördliche Auflagen:	Bestehen Umwelt- und Bauvorschriften?	5		
Gesamtpunktzahl		60		

optimaler Standort: ______________________

Franchising

PLANA Küchenland · Apollo · BABY1ONE ... von Anfang an! · FRESSNAPF · ACADEMY Fahrschulen · OBI

7. **Ein Freund rät Armin Wolf doch ein Franchiseunternehmen zu gründen, da dies viel einfacher sei. Erläutern Sie, was man unter Franchising versteht.**

____

____

____

____

8. **Welche Vorteile bietet der Franchisegeber einem Existenzgründer?**

____

____

____

____

____

1. Sie erinnern sich: Armin Wolf will sich nach bestandener Meisterprüfung selbstständig machen. In diesem Zusammenhang überlegt er, welche Unternehmensformen es gibt. Setzen Sie folgende Begriffe sinnvoll in das Schaubild ein: *Personengesellschaften, Einzelunternehmung, Unternehmensformen, Gesellschaft mit beschränkter Haftung, Gesellschaftsunternehmungen, Gesellschaft des bürgerlichen Rechts, Unternehmergesellschaft.*

____

____________________ | ____________________

____________________ | **Kapitalgesellschaften**

____________________ | ____________________

____________________ | ____________________

____________________ | ____________________

____________________ | ____________________

2. Ergänzen Sie die Übersicht durch folgende Begriffe: *Gewinn, haftet, Steuern, Kapital, Geschäftsführung, gehaftet, Kreditwürdigkeit.*

Die **Rechtsform** hat Einfluss darauf,

- wer berechtigt ist zur ____________________.
- welche ____________________ zu zahlen sind.
- wer für die Schulden des Unternehmens ____________________.
- wie groß die ____________________ ist.
- in welchem Umfang für die Schulden ____________________ wird.
- wer das ____________________ aufbringt.
- wem der erzielte ____________________ zusteht.

3. Wie werden die folgenden Unternehmungsformen abgekürzt?

Eingetragener Kaufmann (Einzelunternehmung)	Unternehmergesellschaft	Gesellschaft mit beschränkter Haftung	Gesellschaft des bürgerlichen Rechts
↓	↓	↓	↓
____________	____________	____________	____________

Einzelunternehmung

4. Armin Wolf hat sich über die Einzelunternehmung informiert. Ergänzen Sie die Übersicht über deren Merkmale.

Einzelunternehmung

Geschäftsführung und Vertretung

Haftung

Firmenname

Gewinn

5. Zählen Sie in Stichworten die Vorteile und Nachteile dieser Unternehmensform auf.

Vorteile der Einzelunternehmung	Nachteile der Einzelunternehmung

6. Welche Gründe könnten einen Einzelunternehmer veranlassen, sein Unternehmen in ein Gesellschaftsunternehmen umzuwandeln?

Gesellschaft des bürgerlichen Rechts (GbR)

7. Armin Wolf hat sich endgültig entschieden, sein Unternehmen zusammen mit Martina Bayer zu gründen. Ergänzen Sie die Übersicht über die **Merkmale der Gesellschaft des bürgerlichen Rechts**.

Gesellschaft des bürgerlichen Rechts

Geschäftsführung und Vertretung

Haftung

Firmenname

Gewinn

240–241
Datum: ....

8. In einer Fachzeitung stößt Martina Bayer auf die Anzeige eines Kollegen, der sich zur Ruhe setzen und seinen Betrieb auflösen möchte. Martina reagiert sofort und kauft sämtliche Maschinen für die GbR. Bindet der von Martina Bayer geschlossene Kaufvertrag auch ihren Mitgesellschafter Armin Wolf?

Gesellschaft mit beschränkter Haftung (GmbH)

11. Vor einigen Jahren wurde die Fleischerei Wolf & Bayer OHG in eine GmbH umgewandelt.

a) Welche Gründe könnten für die Wahl der GmbH als Rechtsform ausschlaggebend gewesen sein?

b) In welcher Form musste der Gesellschaftsvertrag abgeschlossen werden?

12. Ergänzen Sie die Übersicht über die weiteren **Merkmale der GmbH**.

Gesellschaft mit beschränkter Haftung (GmbH)

- Anzahl der **Gründer**:
- Bezeichnung und Höhe des **Mindestkapitals** der Unternehmung:
- Bezeichnung und Mindesthöhe der **Beteiligung**:
- **Haftung**
- **Firmenname:**
- **natürliche** oder **juristische Person**?
- **Geschäftsführung** und **Vertretung**

1. Michael Berger will ein Spezialitätenrestaurant eröffnen. Ermitteln Sie anhand des Vordrucks den Kapitalbedarf **für die ersten 4 Monate**. Die Geschäftsausstattung, wie Büromöbel und Einrichtung wird mit 40 000 € veranschlagt. Maschinen und Geräte werden mit 20 000 € angesetzt. Für Umbau und Renovierungsarbeiten fallen 15 000 € an, für die Einstellung eines Mitarbeiters 10 000 € . Kreditkosten betragen 3 600 €. Für einen Lieferwagen will er 30 000 € ausgeben. Beratungskosten, z. B. für den Steuerberater während der Anlaufphase, schätzt er auf 1 000 €. Steuern und Versicherungen plant er in Höhe von 1 200 € ein. Die Pacht einschließlich Nebenkosten beträgt 13 500 €. Sonstige Kosten wie Strom, Telefon, Kommunalabgaben betragen 2 000 €, die Gründungskosten (Notar, Beratung, Genehmigung usw.) 1 600 €. Das Warenlager kostet 10 000 € und die erste Werbung 7 000 €.
Ergänzen Sie fehlende Angaben sinnvoll und ermitteln Sie den **Kapitalbedarf**.

Kapitalbedarfsplan für ein Spezialitätenrestaurant in der Gründungs- und Anlaufphase	
Gründungskosten	**Euro**
Beratung, Genehmigungen, Notarkosten, Eintrag ins Handelsregister	______
Kosten der Anlaufphase (Ausgaben bis zum regelmäßigen Geldeingang aus Umsatz, hier 3 Monate)	
Personalkosten	______
Umbau und Renovierung	______
Sicherstellung der privaten Lebenshaltung (inkl. soziale Absicherung)	______
Beratungskosten, z. B. Steuerberater	______
Pacht einschließlich Nebenkosten	______
Werbung (Markteinführung)	______
Steuern und Versicherungen	______
Sonstige Kosten (Strom, Telefon, Kommunalabgaben usw.)	______
Reserve für Startphase, Unvorhergesehenes	______
Anlagevermögen	
Maschinen, Geräte, Werkzeuge	______
Fahrzeuge	______
Geschäftsausstattung (Möbel, Büro und Lokaleinrichtung)	______
Umlaufvermögen	
Erstes Warenlager	______
Kredite	______
Kapitalbedarf	______

2. Womit müssen Existenzgründer schlimmstenfalls rechnen, wenn sie ihren Kapitalbedarf nicht sorgfältig genug ermitteln?

____

____

1. Sie erinnern sich: Armin Wolf und Martina Bayer haben zusammen eine Fleischerei gegründet. Welche Fehler sollten bei der Finanzierung eines Unternehmens vermieden werden?

2. Um den Kapitalbedarf eines Unternehmens zu finanzieren, gibt es verschiedene Möglichkeiten. Nennen Sie diese.

Finanzierungsmöglichkeiten

3. **Finanzierungsgrundsätze:**

a) Wie sollte das Anlagevermögen (Gebäude, Maschinen usw.) finanziert werden?

b) Weshalb sollte die Laufzeit eines Darlehens (Fremdkapitalaufnahme) die Nutzungsdauer der damit finanzierten Maschinen nicht übersteigen?

c) Begründen Sie folgenden Finanzierungsgrundsatz: Je mehr Eigenkapital, desto sicherer. Deshalb sollte das Eigenkapital nicht unter 20 % liegen.

4. **Unterscheiden Sie die folgenden Darlehensarten:**

Kontokorrentkredit:	Bankdarlehen:

5. **Voraussetzung für ein Darlehen sind ausreichende Sicherheiten. Welche Kreditsicherheiten liegen jeweils vor?**

Die Maschinen der Fleischerei Wolf wurden mit einem Darlehen finanziert. Die Geräte stehen zwar in der Fleischerei, aber bis zur vollständigen Tilgung des Kredits gehören sie der Bank. ↓	Als Sicherheit für den gewährten Kredit verwendet die Bank die Eigentumswohnung von Armin Wolf. ↓	Damit Armin Wolf ein Bankkredit zur Existenzgründung eingeräumt wird, verpflichten sich seine Eltern, notfalls die ausstehenden Raten zu übernehmen. ↓

6. **Viele Unternehmen finanzieren einen Teil ihrer Investitionen durch Leasing. Zählen Sie Investitionsgüter auf, die geleast werden können.**

7. **Erläutern Sie, was man unter Leasing versteht.**

8. **Welche Vorteile haben Sie bei der Finanzierung durch Leasing?**

Vorteile des Leasing

Fixe und variable Kosten – Einzelkosten und Gemeinkosten

1. Geben Sie an, ob fixe oder ob variable Kosten vorliegen.

____________ **Kosten** sind unabhängig vom Produktionsumfang, z. B. Mieten, Zinsen, Steuern, Abschreibungen.

____________ **Kosten** verändern sich entsprechend dem Produktionsumfang, z. B. Fertigungslöhne, Materialverbrauch.

2. Tragen Sie in die beiden Zeichnungen die entsprechende Kostenart ein.

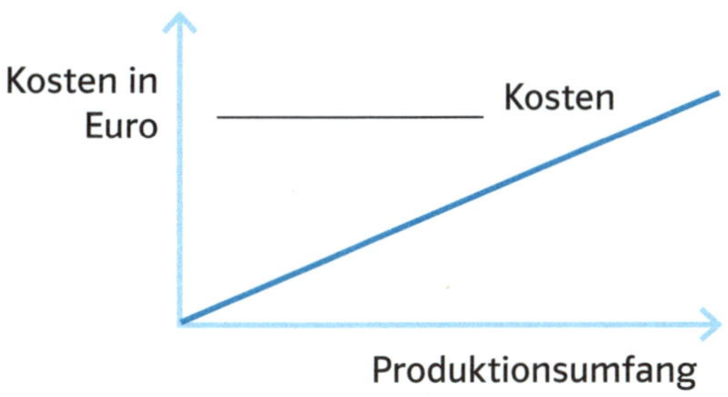

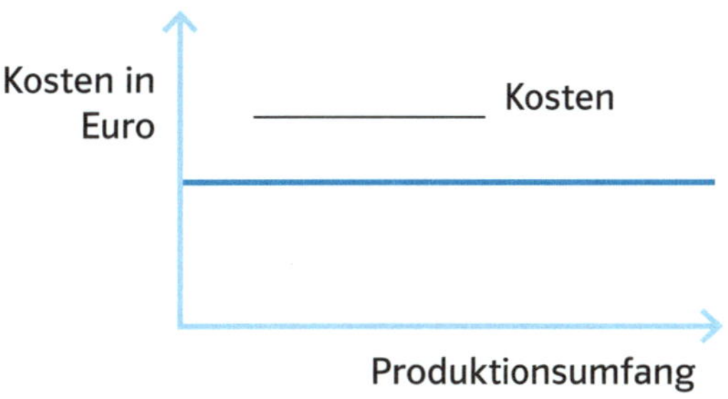

3. In einer Unternehmung fallen jeden Monat 24 000 € fixe Kosten an. Die variablen Kosten je produziertem Stück betragen 2 €. Ermitteln Sie, wie sich die Stückkosten bei verschiedenen Produktionsmengen entwickeln.

Produktionsmenge	Fixe Kosten je Monat	variable Kosten	Gesamtkosten	Stückkosten
0	____________	–	____________	–
1 000	____________	____________	____________	____________
2 000	____________	____________	____________	____________
3 000	____________	____________	____________	____________
4 000	____________	____________	____________	____________

Ergebnis Je höher die Produktionsmenge, je geringer wird der Anteil der ____________ Kosten an den ________________, je mehr sinken die Stückkosten, je niedriger wird der ________. Diesen Zusammenhang nennt man das Gesetz der industriellen ____________________________.

4. Tragen Sie ein, ob Einzel- oder Gemeinkosten vorliegen. Geben Sie zusätzlich jeweils 2 Beispiele an.

____

können einem Erzeugnis nicht direkt zugeordnet werden, da sie auch für andere Produkte anfallen.

z. B. ____

____

____

lassen sich dem einzelnen Erzeugnis direkt zuordnen.

z. B. ____

____

5. Die Herstellung von 6000 Spielzeugautos verursachte folgende Kosten: Fertigungsmaterial 6800 €, Stromkosten für Maschinen 200 €, Gehälter der Verwaltung 10000 €, Fertigungslöhne 15000 €, Miete für Werkräume 1000 €, Abschreibungen 4000 €, Zinsen für einen Kredit 2000 €.

a) Teilen Sie die angegebenen Kostenarten in Einzel- und Gemeinkosten ein.
b) Wie hoch sind die fixen, wie hoch sind die variablen Kosten?
c) Ermitteln Sie die Stückkosten für ein Auto.

a) Einzelkosten: ____________________

Gemeinkosten: ____________________

____

b) ____________________

____

____

____

c) ____________________

____

____

Kalkulation der Selbstkosten

6. a) Wie werden bei einer **vereinfachten Zuschlagskalkulation** die Selbstkosten ermittelt?

Fertigungsmaterial
+
+
=

b) Ein Schreiner kalkuliert für einen Auftrag: Materialkosten 160 €, Lohn Meister 8 Std. je 40 €; Lohn Geselle 16 Std. je 31,50 €; Lohn Auszubildender 6 Std. je 12,80 €, Gemeinkosten 155 % der Lohnkosten. Ermitteln Sie die Selbstkosten.

____

+ ____________________

____

____

+ ____________________

= ____________________

Angebotsvergleich

Problemsituation:
Max Neumann ist Auszubildender beim Möbelhersteller Modern Living. Für ein Möbelhaus sollen 200 Gartentische mit Tischplatten aus Granit hergestellt werden. Für diesen Auftrag soll Max bei 3 Lieferanten Angebote für Granittischplatten einholen. Danach soll er einen Angebotsvergleich durchführen, den besten Lieferanten ermitteln und das Ergebnis seinem Chef präsentieren. Seine Anfrage bei 3 Lieferanten hat mittlerweile folgende Angebote ergeben:

Hubers Natursteinwerk, Zwiesel	**Zang Chinese Stone**, Frankfurt	**P. Rigatoni**, Carrara
- 215 € für eine Natursteinplatte - ab 100 Stück 5 % Rabatt - 3 % Skonto bei Zahlung innerhalb von 7 Tagen - keine Versandkosten - Lieferzeit 6 Wochen	- 380 € für 2 Natursteinplatten - ab 200 Stück 10 % Rabatt - zahlbar ohne Abzug bei Lieferung - Versandkosten 500 € für 100 Platten - Lieferzeit 12 Wochen	- 700 € für 4 Natursteinplatten - ab 150 Stück 5 % Rabatt - 2 % Skonto bei Zahlung innerhalb von 10 Tagen - Versandkosten 150 € für 50 Platten - Lieferzeit 2 Wochen

Max will seinem Chef ein fundiertes Ergebnis präsentieren. Deshalb hat er die firmeneigenen Erfahrungen mit dem betreffenden Lieferanten ausgedruckt:

Hubers Naturstein:
Hubers Natursteinwerk ist ein kleinerer Hersteller im Bayerischen Wald, hat aber einen guten Ruf in der Branche. Der Hersteller bietet aufwendig hergestellte Erzeugnisse mit einem hohen Qualitätsanspruch. Bisherige Lieferungen erfolgten stets zur vollsten Zufriedenheit. Für telefonische Beratung und Betreuung sind immer kompetente Ansprechpartner erreichbar. Berechtigte Reklamationen werden schnell und unbürokratisch abgewickelt.

Zang Chinese Stone:
Der chinesische Hersteller hat seine deutsche Niederlassung mit deutschsprachigen und versierten Fachleuten besetzt. Diese beraten gut und sind problemlos zu erreichen. Bei Reklamationen zeigt man sich sehr großzügig und kulant, weil der chinesische Hersteller seinen Marktanteil in Deutschland noch mehr vergrößern will. Die Firma hat ein gutes Image, da ihre Produkte qualitativ hochwertig sind. Deshalb sind Reklamationen sehr selten. Bestellungen werden ausschließlich über die deutsche Niederlassung abgewickelt. Da die Lieferung direkt aus China erfolgt, sind die Lieferzeiten erheblich länger als bei deutschen Anbietern.

P. Rigatoni:
Der Hersteller produziert ausschließlich in Italien. Dennoch kann er in der Regel schnell liefern, da er über große Produktionskapazitäten verfügt. Aufgrund seiner günstigen Preise ist er in Italien Marktführer. Bei der Abwicklung von Bestellungen treten gelegentlich Verständigungsprobleme und Missverständnisse sowie daraus resultierende Falschlieferungen auf. Für Kundenberatung und Reklamationen gibt es jedoch einen deutschsprachigen Kundendienst. Die Abwicklung von Reklamationen läuft etwas umständlich und schwerfällig, häufig sind Rückfragen zu beantworten. Schon öfters wurden fest vereinbarte Liefertermine wegen stattfindender Streiks nicht eingehalten. Die Qualität der Erzeugnisse ist zufriedenstellend.

Der **Bezugspreis, Lieferkonditionen** und **Erfahrungsberichte** sollen die Grundlage der Entscheidung von Max sein. Diese will er anhand der in der Firma verwendeten **Scoring-Tabelle** treffen.

Arbeitsauftrag:
Bilden Sie Arbeitsgruppen.
1. Verwenden Sie das abgebildete Schema und ermitteln Sie den Bezugspreis für jedes Angebot.
2. Füllen Sie die Scoring-Tabelle anhand der ermittelten Bezugspreise und der Erfahrungsberichte aus.
3. Entscheiden Sie, welches aus Ihrer Sicht das beste Angebot ist, und präsentieren Sie Ihr Ergebnis.

257

Datum:

1. **Verwenden Sie das abgebildete Schema und ermitteln Sie den Bezugspreis für jedes Angebot.**
Hinweis: Bei der Ermittlung des Bezugspreises wird die Mehrwertsteuer nicht berücksichtigt.

Bezugspreis ermitteln						
	Hubers Naturstein		Zang Chinese Stone		P. Rigatoni	
Listenpreis						
– Rabatt						
= Zieleinkaufspreis						
– Skonto						
= Bareinkaufspreis						
+ Bezugskosten						
= Bezugspreis						

2. **Füllen Sie die Scoring-Tabelle anhand der ermittelten Bezugspreise und der Erfahrungsberichte aus.**

Scoring-Tabelle							
		Hubers Naturstein		Zang Chinese Stone		P. Rigatoni	
Entscheidungs-kriterien	Gewichtung (G)	Punkte (P)*	Punkte, gewichtet (P × G)	Punkte	Punkte, gewichtet (P × G)	Punkte	Punkte, gewichtet (P × G)
Preis	30						
Qualität	20						
Zuverlässigkeit	15						
Lieferzeit	10						
Service	10						
Reklamations-abwicklung	10						
Zahlungs-bedingungen	5						
Summe	100						

***Punkte**: 6 = sehr gut, 5 = gut, 4 = befriedigend, 3 = ausreichend, 2 = mangelhaft, 1 = ungenügend

Beispiel einer teilweise ausgefüllten Scoring-Tabelle							
		Modern Office		Hausers Bürobedarf		Wieslers Büroshop	
Entscheidungs-kriterien	Gewichtung (G)	Punkte (P)*	Punkte, gewichtet (P × G)	Punkte	Punkte, gewichtet (P × G)	Punkte	Punkte, gewichtet (P × G)
Preis	30	5	150	6	180	4	120
Qualität	20	3	60	4	80	5	100
Lieferzeit	15	6	90	5	75	4	60

3. **Entscheiden Sie, welches aus Ihrer Sicht das beste Angebot ist, und präsentieren Sie Ihr Ergebnis.**

Ergebnis: ____________________

Quellennachweis

Abbildungen

ACADEMY Holding AG, Ludwigsburg, **132.5**; action press international gmbh, Hamburg (OED,Hans-Günther), **104.2**; action press international gmbh, Hamburg (Ralf Jürgens), **96.2**; akg-images, Berlin, **123.1**; Alamy stock photo, Abingdon, **108.3**; Alamy stock photo, Abingdon (imageBROKER/Cornelius Paas), **109.2**; **112.1**; Apollo-Optik Holding GmbH and Co. KG, **132.2**; BabyOne GmbH, Münster, **132.3**; Bergmoser + Höller Verlag, Aachen, **53.2**; Bundesministerium der Finanzen, **55.1**; **55.2**; **56.1**; **56.2**; **56.3**; **57.2**; **57.3**; Deutsche Bundesbank, Frankfurt am Main, **90.2**; **90.3**; Deutsche Lufthansa AG, Frankfurt, **58.5**; Deutscher Sparkassen Verlag, Stuttgart, **93.1**; Dörlemann Satz GmbH & Co.KG, Lemförde. Datenquelle: Bundesanstalt für Landwirtschaft und Ernährung, **109.1**; Dörlemann Satz GmbH & Co.KG, Lemförde. Quelle: Eurostat, Januar 2022, **120.2**; Dörlemann Satz GmbH & Co.KG, Lemförde. Quelle: Monthly comparative price levels. Unter: https://stats.oecd.org/Index.aspx?DataSetCode=CPL# (Zugriff 21.04.2024, bearb.), **49.2**; Dörlemann Satz GmbH & Co.KG, Lemförde. Quelle: Statistisches Bundesamt, **99.2**; Ernst Klett Verlag GmbH, Stuttgart, **11.1**; **22.6**; **46.1**; **48.1**; **66.1**; **66.2**; **91.1**; **91.2**; **106.2**; **106.11**; **115.1**; **120.1**; **124.3**; EURO Kartensysteme GmbH Presse, Frankfurt am Main, **94.3**; Fressnapf Tiernahrungs GmbH, Krefeld, **132.4**; Getty Images Plus, München (iStock / JackF), **86.1**; Handelsverband Deutschland - HDE e.V., Berlin, **94.6**; Handwerkskammer Konstanz Kommunikation und Marketing, Konstanz, **58.3**; Hörner, Susanne - Kommunikationsdesign, Staufen, **49.2**; **UI.1**; Horst Haitzinger, München, **40.1**; IMAGO, Berlin (imagebroker/theissen), **109.3**; **112.2**; IMAGO, Berlin (Ralph Peters), **104.4**; iStockphoto, Calgary, Alberta (Ericsphotography), **91.3**; iStockphoto, Calgary, Alberta (Fatihhoca), **125.1**; iStockphoto, Calgary, Alberta (SteveAllenPhoto), **125.2**; Landesbank Baden-Württemberg, Stuttgart, **94.2**; MasterCard Worldwide Representative Office Germany, Waterloo, **94.5**; **94.7**; Mauritius Images, Mittenwald (Car Collection / Alamy), **102.1**; MEV Verlag GmbH, Augsburg, **77.1**; **98.1**; Nestle Deutschland AG, Frankfurt am Main, **114.1**; **114.2**; **114.3**; **114.4**; OBI, Wermelskirchen, **132.6**; Okapia, Frankfurt, **108.2**; Okapia, Frankfurt (Heinz-Dieter Falkenstein), **108.1**; Picture-Alliance, Frankfurt/M. (dpa/DB), **96.1**; Picture-Alliance, Frankfurt/M. (dpa/Lehtikuva/Mikko Stig), **125.3**; Picture-Alliance, Frankfurt/M. (dpa-infografik GmbH), **124.2**; Picture-Alliance, Frankfurt/M. (dpa-infografik), **33.2**; Picture-Alliance, Frankfurt/M. (Ulrich Baumgarten), **54.1**; PLANA Küchenland, Böblingen, **132.1**; Schneeweiß, Pia, Taucha, **141.1**; ShutterStock.com RF, New York (baranq), **130.1**; ShutterStock.com RF, New York (DGLimages), **94.1**; ShutterStock.com RF, New York (Ivanko80), **25.1**; ShutterStock.com RF, New York (stockfour), **26.2**; Stiftung Warentest, test 8/2020, www.test.de, **83.2**; stock.adobe.com, Dublin, **14.4**; stock.adobe.com, Dublin (Doc Rabe Media), **51.1**; stock.adobe.com, Dublin (goodluz), **UI.3**; stock.adobe.com, Dublin (LaCatrina), **14.3**; stock.adobe.com, Dublin (SolisImages), **94.8**; stock.adobe.com, Dublin (vektorisiert), **14.2**; stock.adobe.com, Dublin (Vektorisiert), **14.1**; stock.adobe.com, Dublin (WoGi), **58.4**; Thinkstock, München (iStockphoto), **58.1**; ullstein bild, Berlin (AP), **16.1**; ullstein bild, Berlin (CARO / Frank Sorge), **104.3**; VfB Stuttgart 1893 e.V. - Marke, Marketing- und Kampagnenplanung, Stuttgart, **58.2**; Voigt, Aurel, Waiblingen, **3.1**; **3.2**; **3.3**; **4.1**; **7.1**; **10.1**; **10.2**; **10.3**; **10.4**; **10.5**; **10.6**; **11.2**; **11.3**; **11.4**; **11.5**; **13.1**; **15.1**; **18.1**; **19.1**; **22.1**; **22.2**; **22.3**; **22.4**; **22.5**; **22.7**; **26.1**; **30.1**; **30.3**; **30.4**; **30.5**; **30.9**; **33.1**; **34.1**; **34.2**; **35.1**; **36.2**; **38.1**; **38.2**; **38.3**; **38.4**; **41.1**; **43.1**; **43.2**; **44.1**; **44.2**; **44.3**; **44.4**; **44.5**; **44.6**; **44.7**; **44.8**; **44.9**; **47.1**; **47.2**; **47.3**; **53.1**; **64.1**; **64.2**; **64.5**; **64.6**; **67.1**; **67.2**; **67.3**; **67.4**; **68.1**; **68.2**; **73.1**; **74.1**; **74.2**; **74.3**; **74.4**; **75.1**; **75.2**; **78.1**; **78.4**; **78.5**; **79.1**; **83.1**; **85.1**; **87.1**; **88.1**; **89.2**; **89.3**; **90.1**; **95.1**; **95.2**; **95.3**; **95.4**; **95.5**; **96.4**; **97.2**; **98.2**; **99.1**; **104.1**; **105.1**; **105.7**; **106.1**; **113.1**; **116.1**; **116.2**; **118.1**; **121.1**; **122.1**; **122.2**; **122.3**; **122.4**; **122.5**; **124.1**; **126.1**; **126.3**; **126.4**; **127.6**; **131.1**; **132.7**; **133.1**; **134.1**; **134.9**; **134.11**; **137.1**; **137.2**; **137.6**; **137.8**; **138.1**; **139.1**; **139.2**; © Visa 2022, **94.4**

Texte

Auszug aus dem Betriebsverfassungsgesetz (BetrVG) § 102, **26.1**; Auszug aus dem Betriebsverfassungsgesetz (BetrVG) § 77, **27.2**; Auszug aus dem Kündigungsschutzgesetz KSchG §1 und §23, **22.1**; Auszüge aus dem Bürgerlichen Gesetzbuch (BGB) §145, 433, 323, **73.2**; Auszüge aus dem Bürgerlichen Gesetzbuch (BGB) - Verzug § 286, 288, **79.2**; Auto, Motor, Sport Nr. 01/ 2012, Motor-Presse, Stuttgart, **66.1**; Betriebsverordnungen für Hamburger Amtsstuben und Comptoirs 1863 – 1872 Zur Beachtung des Personals. Unter: http://www.abendblatt.de/wirtschaft/karriere/article106821927/Aus-Betriebsverordnungen-fuer-Hamburger-Comptoirs-und-Amtsstuben-1863-bis-1872.html, **27.1**; BGB § 357 Rechtsfolgen des Widerrufs, **86.1**; Einwohner und BIP verschiedene Länder. Unter: https://www.laenderdaten.info/ (Zugriff 19.04.2024, bearb.), **125.4**; Friedrich Engels: Die Lage der arbeitenden Klasse in England. Bonn: Karl Dietz Verlag, **16.1**; Gesetzesauszug aus § 932 BGB Gutgläubiger Erwerb vom Nichtberechtigten, **67.1**; Gesetzesauszug aus § 935 BGB Kein gutgläubiger Erwerb von abhanden gekommenen Sachen, **67.2**; Gesetzesauszug BBiG § 21, § 24 , BGB – § 622, **7.2**; Grünberg, am 28. September 1864, **4.1**; Gustaf F. Steiffen: Studien zur Geschichte der englischen Lohnarbeiter. Übers. v. Margarete Langfeldt. Stuttgart: Hobbing & Büchle 1904, **16.2**; Lohnsteuer Super-Tabelle 2024. Nach amtlichem Material. Haufe-Lexware Freiburg 2024., **46.1**; **49.1**; Tübinger Chronik vom 22.04.1856. In: Stuttgarter Zeitung vom 17.11.1991, **14.1**; § 145, 433, 323 Bürgerliches Gesetzbuch (BGB). Unter: https://www.gesetze-im-internet.de/bgb/index.html#BJNR001950896BJNE063807360 (Zugriff 28.06.2019, gek.), **74.1**; § 1, 7, 8, 9, 21 Betriebsverfassungsgesetz (BetrVG). Unter: https://www.gesetze-im-internet.de/betrvg/BJNR000130972.html (Zugriff 22.04.2022, gek.), **25.2**; § 477 Bürgerliches Gesetzbuch (BGB). Unter: https://www.gesetze-im-internet.de/bgb/__477.html (Zugriff 22.04.2022, gek.), **69.1**; © Bundesbank, Januar 2024, **114.2**; **120.2**; © Statistisches Bundesamt, **120.1**; © Statistisches Bundesamt: Volkswirtschaftliche Gesamtrechnung, **128.1**